MUSEUM
博物馆资源开发

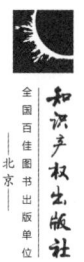

初 始 产 权 管 理

宋朝丽 著

DEVELOPMENT OF MUSEUM RESOURCES: MANAGEMENT OF INITIAL PROPERTY RIGHTS

知识产权出版社
全国百佳图书出版单位
——北京——

图书在版编目（CIP）数据

博物馆资源开发：初始产权管理 / 宋朝丽著 . -- 北京：知识产权出版社，2021.6
ISBN 978-7-5130-7528-2

Ⅰ. ①博… Ⅱ. ①宋… Ⅲ. ①博物馆—文物—资源—文化产品—产品开发 Ⅳ. ① G26

中国版本图书馆 CIP 数据核字（2021）第 090916 号

内容提要

文物承载着灿烂文明，传承历史文化，维系民族精神，是老祖宗留给我们的宝贵遗产。中国有60%以上的文物资源集中在国有博物馆里，利用这部分文物资源进行文化创意产品开发，是实现中华优秀传统文化创造性转化和创新性发展的重要途径。本书以逻辑演绎的方式对国有博物馆馆藏文物资源的文创开发权进行探讨，分析其概念界定、法理基础、分配方式和开发模式，试图找到更优化的国有博物馆文物资源开发途径，为国有博物馆未来文创开发实践提供理论参考。

责任编辑：李石华　　　　　　　　责任印制：孙婷婷

博物馆资源开发——初始产权管理
BOWUGUAN ZIYUAN KAIFA——CHUSHI CHANQUAN GUANLI

宋朝丽　著

出版发行：知识产权出版社 有限责任公司	网　　址：http://www.ipph.cn
电　　话：010-82004826	http://www.laichushu.com
社　　址：北京市海淀区气象路50号院	邮　　编：100081
责编电话：010-82000860转8072	责编邮箱：lishihua@cnipr.com
发行电话：010-82000860转8101	发行传真：010-82000893
印　　刷：三河市国英印务有限公司	经　　销：各大网上书店、新华书店及相关书店
开　　本：720mm×1000mm　1/16	印　　张：17.5
版　　次：2021年6月第1版	印　　次：2021年6月第1次印刷
字　　数：260千字	定　　价：68.00元

ISBN 978-7-5130-7528-2

出版权专有　　侵权必究
如有印装质量问题，本社负责调换。

前言

当时尚达人穿着古印度画卷制成的连衣裙，拎着中国明朝瓷器纹理的拉杆箱，踩着欧洲18世纪漫画图案的凉鞋出现在世人眼前时，意味着一个新的审美时代和消费时代已经到来。人们对物质产品的消费，已经超越了产品本身的实用功能，我们的世界进入了符号消费阶段。那些曾经代表人类璀璨文明的文化瑰宝如今摇身一变，以全新的形式重回历史舞台，成为受人追捧的时尚单品，要归功于过去数十年间随新博物馆学兴起的博物馆文化创意产品开发活动。

中华民族有着悠久灿烂的文明历程，留下了海量珍贵的文化遗产，如何对底蕴深厚、丰富多彩的文化遗产进行创造性转化和创新性发展，使阳春白雪的传统文化飞入寻常百姓家，是当今时代文化领域面临的热门问题。利用文化资源开发文化创意产品，无疑是最有效的路径之一。

用"忽如一夜春风来"形容国内的"文创热"，可谓恰如其分。2013年，台北"故宫博物院"推出了大受欢迎的"朕知道了"纸胶带，让人们认识到了文创市场的巨大潜力。随后，故宫博物院受其启发，相继推出朝珠耳机、"奉旨旅行"行李牌、"朕就是这样的汉子"折扇等爆款产品。截

至 2019 年年底，故宫博物院文创已经创下了年营业收入 15 亿元的纪录，开发了 13000 余种文创产品，不仅有手机壳、钥匙链、书签等文化生活用品，还有九环银佩真实披肩、融入太和殿藻井元素的天穹伞、五福五代堂紫砂壶等国礼产品。

除了故宫博物院，国内已有 2500 多家博物馆、美术馆、纪念馆围绕自己的馆藏产品进行文创开发，中国国家博物馆、苏州博物馆、陕西历史博物馆、四川博物院、河南博物院等数十家博物馆相继推出官方店铺。很多旅游景区也相继推出自己的文创品牌，很多城市都开发出了体现本地特色的"城市礼物"，全国各地每年掀起成百上千场大大小小的文化创意设计大赛。

文创热的兴起是经济社会发展到一定阶段后出现的产物，原因也是综合复杂的。从全球经济发展层面来看，在过去数十年间，世界经济增长方式发生了根本性的变化。一方面，技术的发展使文化大规模工业化复制成为可能，如光电技术的发展使电影产业出现并迅速发展，出现了好莱坞这样的大型商业化运作系统。再如互联网技术的发展催生了网络文学的产生，很多大的网络文学平台召集写手、经营人员、培训人员、IP 开发运营等，形成庞大的网络文学产业链条。这就是 20 世纪西奥多·阿多诺（Theodor Wiesengrund Adorno）和马克斯·霍克海默（M. Max Horkheimer）所批判的"文化工业"。另一方面，文化的产业化发展促进了文化的大规模传播和民众文化品位的提升，很多传统行业包括制造业、农业、工业、广告、教育等行业，也开始注重文化元素的运用，提升本行业的文化附加值，并因此创造了巨大的利润。许多国家已经意识到文化创造对经济的影响力，开始积极推动文化创意产业的发展，将其作为经济增长新的支撑点。而传统文化资源是一个国家的文化名片，充分挖掘其背后的价值可以产生相应的经济附加值。因此，挖掘文化资源的经济价值受到越来越多国家的重视。中国在2015年出台的《博物馆管理条例》允许博物馆进行文创开发经营，之后又出台系列相关政策，鼓励文化文物单位进行文创产品开发，为文创开发提供了良好的政策环境。

从公众文化消费心理来看，人类社会消费已经从实用消费走向符号消费。按照让·鲍德里亚（Jean Baudrillard）20世纪60年代在《消费社会》中的说法，当一切物品可以相互替代时，物品便过渡到了符号。在物质极为丰富的时代，人们购买某种产品时，不再单纯地强调由物质材料所构成的使用价值，更多的是关注产品中所包含的文化含量和符号价值，并以消费行为来标识自己的社会地位，寻找身份认同。例如，人们疯抢故宫口红，背后的动机并不仅是口红本身的使用价值，而是口红所蕴含的故宫文化，以及消费此类文化在社会群体中所引起的身份认同。这种后现代社会的新经济模式，使任何商品都在寻求文化上的"源代码"，争取与文化搭建起链接，让文化符号成为带动经济发展和复兴本土文化的方式。传统文化资源无疑是"源代码"的重要源泉，能够为全社会的商品提供文化元素。所以说，"符号经济"时代，文化资源成为参与经济建设的重要角色。

中华文化博大精深，中华民族历史悠久，中华文明源远流长。截至2020年年底，中国有5788家博物馆已备案，共有76.7万处不可移动文物和1.08亿件（套）国有可移动文物已完成普查登记。[1] 这些博物馆中蕴藏

---

[1] 国家文物局.76.7万处不可移动文物已完成普查［EB/OL］.（2020-11-25）［2021-01-05］. https://baijiahao.baidu.com/s?id=1684320168807846825&wfr=spider&for=pc.

着中国五千年文化的精华，如何让这些精华融入现代生活中，使传统与现代发生链接，使中国文脉得以延续，文化创意产品开发是有效的路径之一。然而，目前中国的博物馆资源并没有得到很好的利用，究其原因，正如国家文物局局长刘玉珠所说，过去，文化创意产品的开发更多依靠文化和文物单位，社会力量的进入存在一定的制度性限制。由于文化机构的文化创意产品开发机制，文化资源有序地释放给社会存在客观困难，在一定程度上影响了一些博物馆的文化创意发展的积极性和创造性。

相比于西方成熟的文化创意产品开发模式，中国的文创产品开发尚处于起步阶段。大部分文化文物仍躺在博物馆、图书馆、档案馆里，无法被公众接触到；很多博物馆商店售卖的物品仍停留在仿制品、小商品等旅游纪念品层面，缺乏文化特色和创意，同质化现象严重。造成这些现象的根本原因在于文创授权机制的不成熟，一方面，掌握着大量文化资源的文化文物单位受自身体制机制的限制，不熟悉市场，对文化创意产品开发不感兴趣或力不从心。另一方面，广大文化企业想要利用文化资源进行文化创意产品开发，却苦于缺乏获取资源的渠道。

可见，授权是中国博物馆文化资源得以充分利用的必要条件。中国的文创授权市场目前仍处于起步阶段，2019年，国际授权业协会发布的《2019全球授权市场报告》显示，在全球授权市场中，北美地区（美国和加拿大）的授权商品零售额达到1626亿美元，而中国只有488亿元人民币。如以人民币计算，美国的人均衍生品消费额为2600元，而中国为33元。无论在理论上还是实践上，中国文创的授权都存在很多问题需要进行梳理总结。

本书从博物馆馆藏文物开发利用的视角，重新思考如何通过产权制度的设计，让博物馆的文化资源得到最大程度的开发利用，让博物馆资源在文化经济和社会发展中发挥更大的作用。从激发博物馆馆藏文物的活力和生命力这一原点出发，层层剖析博物馆馆藏文物在文创开发中的产权形成、产权规则制定中的效率和公平问题，以及产权背后的各方主体之间的利益博弈，或许是件非常有意思的事情。

目录

第一章 博物馆资源开发的研究逻辑 1

第一节 博物馆资源开发的时代命题 3

第二节 博物馆资源开发的学理历程 24

第三节 博物馆资源开发的思路整理 34

第四节 博物馆资源开发的研究范式 39

第二章 博物馆资源开发的产权概念界定 43

第一节 文创权的法理基础 45

第二节 文创权的设立逻辑 52

第三节 文创权的演变历程 58

第四节 文创权的概念阐释 62

第三章 博物馆资源开发的产权初始分配 75

第一节 产权初始分配的相关理论 77

第二节 产权初始分配的市场方式 80

第三节	产权初始分配的行政方式	88
第四节	资源配置方式的历史演变	95

第四章 博物馆资源开发的产权分配效率 101

第一节	文创权初始分配的效率评价标准	103
第二节	文创权初始分配方式效率评估	107
第三节	数字时代文创权分配效率的提升	127

第五章 博物馆资源开发的产权分配公平 133

第一节	文创权初始分配的公平评价标准	135
第二节	文创权初始分配方式公平评估	139
第三节	资源公平与文化大数据体系构建	156

第六章 博物馆资源开发的产权制度设计 161

第一节	文创权初始分配理想模式	163
第二节	文创权初始分配市场模式	166
第三节	文创权初始分配支撑体系	192

第七章 博物馆资源开发的实施策略思考 207

第一节	国有博物馆文创开发思路重构	209

第二节　国有博物馆文创开发主要模式..................218

　　第三节　国有博物馆文创开发的制度创新..................228

第八章　研究结论与研究展望..................237

　　第一节　研究结论..................239

　　第二节　研究展望..................242

附录　国有博物馆文创开发经典案例..................245

主要参考文献..................257

后记..................265

CHAPTER ONE

第一章

博物馆资源开发的研究逻辑

　　毕尔巴鄂是西班牙北部的一座城市,曾以冶金和化工业而知名,也因为作风硬朗的职业足球队而被中国球迷所熟知。在相当长一段时间内,毕尔巴鄂的经济萧条且污染严重,城市发展陷入困境。当地政府决意做出改变,主导实施了大规模的城市改造,修建博物馆是其中的重要环节,政府投入上亿欧元的巨资与美国古根海姆基金会合作修建了当地的古根海姆博物馆。1997年博物馆建成后热度极高,人气很旺,迅速成为欧洲著名的艺术殿堂。几年后项目所有投资就全部收回,并且极大地带动了周边产业发展,为当地创造了数万个就业机会,整个毕尔巴鄂市也由此焕发了勃勃生机。这种一座博物馆复兴一座城、以文化带动城市经济发展的成功典范,被哈佛设计学院称为"古根海姆效应",并在此后吸引了很多城市效仿。

第一节 博物馆资源开发的时代命题

丰富的文化文物资源不仅是中华优秀传统文化的见证与结晶，也是传承民族文化、维系民族精神的重要载体。在人类社会从农耕时代进入工业时代，人类生活方式从日出而作、日落而息的传统生活转变为朝九晚五的现代生活时，如何让文明的脉络得以延续，"让收藏在博物馆里的文物、陈列在广阔大地上的遗产、书写在古籍里的文字都活起来"[1]，成为当今时代文化传承发展面临的重要课题。

一、研究起点：博物馆资源开发效率问题

随着我国经济发展进入新常态，文化产业越发受到各方面的重视，博物馆也迎来了大发展。据国家文物局局长刘玉珠所述，"十三五"以来，我国平均每2天新增一家博物馆，达到25万人拥有一座博物馆的水准，截至2019年年底，全国已备案博物馆达5535家，比上年增加181家。很多博物馆不但或多或少发挥着"古根海姆效应"，而且作为与文物联系紧密的机构，在基于文物基础上进行文创产品开发方面有着得天独厚的优势，在最近几年日益兴盛的文创行业里，博物馆系统渐成主力，几乎所有的博物馆都成立了文创部门，开始发力文创业务。

---

[1] 国务院关于进一步加强文物工作的指导意见［EB/OL］.（2016-03-08）［2020-11-06］. http://www.gov.cn/zhengce/content/2016-03/08/content_5050721.htm.

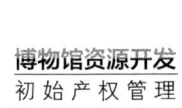

（一）国有博物馆文创开发存在的问题

数据显示，在 2017 年，被国家有关机构认定具有文创产品开发能力和产业规模的博物馆有 2256 家，其中 92 家博物馆被纳入文创试点单位，2017 年度全国博物馆的文创产品开发收入约 35.2 亿元，开发文创产品种类超过 4 万种。2019 年 8 月，清华大学文化经济研究院和天猫联合发布的《2019 博物馆文创产品市场数据报告》显示，从 2010 年故宫博物院开设淘宝店至今，全球范围内那些古老的博物馆开始积极触网，拥抱电商平台，也因此收获了更多年轻粉丝。仅 2018 年，淘宝天猫博物馆旗舰店的累计访问量就达到 16 亿人次，约为全国博物馆线下接待人次的 1.5 倍，2019 年实际购买过博物馆文创产品的消费者数量已近 900 万，相比 2017 年增长了 4 倍。

这种火热的发展势头是任何一家博物馆都无法忽视的，在 2019 年，几乎所有成规模的博物馆都正式成立了专门的文创部门。而到了 2020 年，新冠肺炎疫情对线下活动的制约更是直接推动了博物馆搞云展览、跨界联合文创、电商、直播带货的热情，"互联网+博物馆文创"已经蔚然成风。然而，在一片火热的势头中，我们不得不注意到，2017 年文创产品开发的 35 亿元收入中有 15 亿元是故宫博物院一家的，其他博物馆实现盈利的只有 18 家，占比不足 1%。博物馆文创产品还存在产品类型单一、跟风现象严重、产品内涵单薄、开发不成体系等问题，中国的博物馆文创仍然处于初级阶段，存在的问题可以概括为"两低一高"。

第一个问题是文创开发积极性低。国有博物馆作为公益类全额拨款事业单位，在开办企业、收入分配、奖励机制方面有很多限制。尤其是资金管理上实行"收支两条线"的管理制度，在资金使用上要严格按照年度预决算计划进行，而文创开发所取得的收益也全部归国家财政支配。这就造成国有博物馆在享受文创开发收益时没有自主权，但必须承担文创开发中可能造成的文物安全责任，风险大于收益。作为试点单位之一的北京鲁迅博物馆相关负责人就曾表示，尽管馆里非常希望投入更多的精力和物力进行文创开发工作，但碍于开发风险和没有专门的项目资金，很多时候，这种想法并没有办法完全实现。在开发意识上，很多地方博物馆和基层管理部门长期依赖国家财政拨款和政府集中管理，在面对市场时自我服务意识和市场能力不强，同时也缺乏从事文化创意开发和市场经营的专业化人才。

第二个问题是文创开发产出效能低。以国内文创开发最为成功的故宫博物院为例，故宫博物院拥有186万件藏品，到2018年年底，共开发出1万余种文创产品，被开发藏品的比例不到1%。从经济效益来看，故宫博物院年文创销售量为15亿元，但与其他热门IP文创开发相比，这个体量还远远没有发挥出故宫文化资源的价值。与泛娱乐时代IP在网络小说、影视、动漫等领域所取得的市场成绩相比，故宫博物院这一超级IP文创开发的潜力还远没有被挖掘出来。2016年，《碟中谍5：神秘国度》的衍生品销售额超1000万元；2016年，《星际迷航3：超越星辰》衍生品销售额超4000万元；2017年，《三生三世十里桃花》衍生品收入为3亿元。与这些单个IP衍生品相比，拥有年客流量2000万人的故宫，文创开发15亿元的收入显然还有很大的开发潜力。90%的国有中小博物馆还没有自己的文创产品，博物馆商店的产品多为义乌小商品市场的批发品，不能体现本馆特色。文创开发的整体效能不高，未来还有很大的潜力可以挖掘。

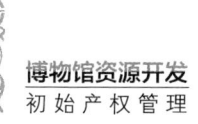

第三个问题是文创开发成本高。博物馆文创市场的形成,需要有多品种和大批量的文创产品作为支撑。只有当多样化的文创产品匹配大批量的消费市场时,市场才有实力消化掉这些文创产品。所以单个博物馆去做系列文创产品开发,成本会很高。以故宫博物院为例,故宫博物院每件文创产品的研发成本是20万~30万元,研发周期为8个月,每年的研发成本在1亿~2亿元,而广大中小博物馆并不具备这样的实力去进行文创开发。在资金有限的情况下,很多国有博物馆希望能够把资源拿出来,与专业的设计公司合作,由社会资本投资进行文创开发,但社会资本在与国有博物馆合作过程中,由于体制机制和文化意识形态的限制,决策权、自主权和收益权都不能得到保障,导致其缺乏进行文创开发的积极性。

(二)产生问题的原因

产生上述问题的原因,整体上看是因为长期以来博物馆都被看作公共文化服务机构,而从事文创开发经营是近年来兴起的新生事物,政府主管部门、博物馆本身以及社会各界对博物馆的文创开发在认识上存在一定的误区。

针对开发积极性不高的问题,目前社会各界很多人认为,国有博物馆现有的体制机制是制约博物馆文创发展的主要因素。自2003年起,按照政事分开、事企分开、管办分离的原则,事业单位分类改革工作开始实施,将事业单位分为公益性事业单位和经营性事业单位,公益性文化事业单位承担提供公共文化产品的职责,为使用财政包干制,工作人员参照公务员管理。经营性文化产业机构向文化市场提供产品,须转企改制,参与市场竞争,自负盈亏。2011年,又进一步将事业单位分为行政类、生产经营类、公益一类、公益二类。目前，大部分博物馆被划为公益一类事业单位，少部分经营潜力比较大的博物馆，如故宫博物院、敦煌研究院被划为公益二类事业单位，允许从事经营活动。在《国务院办公厅关于印发分类推进事业单位改革配套文件的通知》（国办发〔2011〕37号）的配套文件《关于事业单位分类的意见》中，规定公益一类事业单位是完全不能或不宜由市场配置资源的事业单位，是由国家确定的不开展经营活动和收取服务费用的单位。从这个意义上讲，国有博物馆从事文创产品开发这样的商业经营性活动，是不符合国有博物馆未来体制改革方向的，国有博物馆文创开发中的激励机制、合作机制、授权机制等问题不能通过体制机制改革来实现，国有博物馆文创开发的积极性也不能通过体制改革来调动。

事实上，制约博物馆文创开发的真正原因有两个：一是产权开发主体不明确；二是开发权分配方式的不合理。前者是指博物馆藏品应该由哪些主体进行开发，传统的观念认为国有博物馆藏品的开发主体应该是藏品所在博物馆，其他人要想对藏品进行开发，需要经过藏品所在博物馆的授权。如许多地市级博物馆，只有经过博物馆文物研究室许可的藏品才能进行开发，而作为研究机构，文物研究室又不能与市场有效对接，了解市场需求。在文物主管部门、藏品所在博物馆、文物研究室的层层限制下，博物馆成了唯一的文创开发主体。社会企业进入博物馆藏品文创开发领域需要经过博物馆的授权才能获得藏品的相关资料，市场准入门槛较高。这也是文创开发成本高和开发效能低的主要原因。事实上，国有博物馆只是享有文物的保管权，并不具备文物所有权，无权对文物进行买卖，能否对文物进行文创开发，在法律上处于空白状态，没有明确说明。从理论上讲，国有博物馆的藏品作为公共文化资源，所有者是全体人民，那么全体人民都可以享有对文物进行文创开发并获利的权利，不需要经过博物馆的授权。

由此引发了对博物馆藏品文创开发权分配方式的质疑。博物馆馆藏资源的文创开发权，究竟应该由作为资源所有方的国家按照行政分配的方式分配给博物馆或文创企业，还是应该全部向市场开放，由所有主体根据意愿自主获取文化资源，通过市场优胜劣汰的方式进行文创开发，成为目前博物馆馆藏资源开发利用首先要解决的瓶颈问题，这个问题也就是本书聚焦研究的博物馆馆藏资源的产权初始分配问题。

（三）问题的解决方案

国有博物馆文创开发市场的繁荣发展，不能依靠国有博物馆体制机制改革，只有通过文创开发产权制度设计，将藏品的所有权和经营权分离开来，在保证藏品所有权归国家所有的前提下，将以藏品为原型的文化创意产品开发和经营等权利从所有权中剥离，成为一种独立的权利，并从制度设计层面对这种产权制定合理的使用规范，才能从根本上解决国有博物馆藏品文创开发中面临的种种问题。

具体来说，需要从以下几个方面进行思考。

第一，国有博物馆藏品的文化创意产品开发所涉及的权利有哪些？这些权利在法律体系中的现实参照及权利救济途径有哪些？权利主体和权利客体如何界定，他们之间的关系定位和行为规则如何确定？如何将文创开发权利从所有权中剥离出来，成为一种独立的权利？

第二，国有博物馆藏品文创开发的权利应该如何分配，分配的方式有哪些？应该基于什么样的原则和标准来选取合适的分配方式？按照科斯定理，在交易成本为正的情况下，权利的分配方式，尤其是初始产权的分配关系到整个社会利益格局的调整，是社会整体效率提升的关键。国有博物馆藏品开发中，初始产权分配方式的选择关乎整个文博市场利益格局的确定。

第三，国有博物馆藏品资源产业化开发的理想模式构建。在选择了更有效的资源配置方式之后，基于这种资源配置方式的国有博物馆藏品资源开发的理想模式应该是什么样的？通过什么样的产权制度设计能够最大限度地发挥藏品资源的市场价值和文化价值，构建起国有博物馆藏品文创产品开发最有效的产权制度模式？

这三个问题之间是层层递进的关系，构成了本书的整体脉络，如图1-1所示。本书基于对以上三个问题的调查和研究，力图从初始产权配置层面解决国有博物馆文创产品开发的产权制度障碍，为后续开发的体制机制设计提供上位的理论依据。

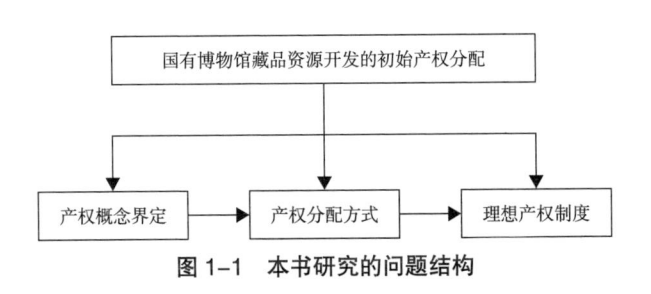

图1-1 本书研究的问题结构

二、研究背景：文化的资源价值与市场价值

（一）文化成为经济增长的重要推动力

20世纪60年代，美国经济学家西奥多·舒尔茨（Theodore Schultz）通

过研究发现，随着经济的增长，土地和资本等实体要素在经济增长中的贡献作用日益下降，而曾经被忽视的人力资本要素，包括人的知识程度、技术水平、工作能力、健康状况以及由此带来的技术进步，成为经济增长的主要因素。之后，内生经济增长理论的大量研究进一步证实了这一观点。保罗·罗默（Paul Romer）指出，技术进步是经济增长的源泉，知识资本具有递增的边际生产率，而物质资本具有递减的边际生产率。[1] 罗伯特·卢卡斯（Robert Lucas）则将关注点放在人力资本上，认为知识的外溢效应导致正的外部性，最终经济增长率将决定于R&D（Research and Development）技术的发展、新技术的专用性和投资者的投资时间区间。道格拉斯·诺斯（Douglass North）认为制度决定经济绩效，强调正式规则、非正式规则在经济增长中的作用，同时特别指出以"文化"形式沉淀下来的非正式制度对个人行为的重要作用。[2] 弗里德里奇·哈耶克（Friedrich August Hayek）也认为制度是文化进化的结果，因此现代经济增长的发源与文化变迁无法分开。[3]

在实践层面，随着经济增长方式的转变，文化与经济的共生作用越来越凸显出来。文化和经济的演进呈现出同步性和交互性的特点，具体表现为文化发展和经济发展的互动越来越频繁、交集越来越广阔，文化结构与经济结构在质的规定性上呈现出一种力的同构关系。[4] 这种同构关系一方

---

[1] ROMER P. Increasing Returns and Long-run Growth [J]. The Journal of Political Economy, 1986（94）：1002-1037.

[2] 道格拉斯·诺斯. 制度、制度变迁与经济绩效 [M]. 杭行，译. 上海：上海三联书店，1994：130.

[3] 弗里德里奇·哈耶克. 哈耶克论文集 [M]. 邓正来，译. 北京：首都经济大学出版社，2001：138.

[4] 胡惠林. 文化经济学（第2版）[M]. 北京：清华大学出版社，2014：22.

面表现为作为文化与经济融合产物的文化产业在全球范围内受到重视和青睐，另一方面表现为文化因素渗透到各产业发展的内在逻辑中。

一是文化产业本身的发展。作为智慧密集型产业，文化产业是文化与经济融合发展到一定阶段的必然产物，不管目前学术界对文化产业有多少种版本的定义，其核心都是通过创意和文化等无形资产的投入，创造出智慧成果并通过现代技术手段加以大规模复制、推广和应用，是一种内生性的经济增长方式。文化产业将知识产权的开发、转移和应用作为核心，体现出强烈的包容性、创新性和强大的渗透力，使其迅速成为经济增长的新范式，有力推动了区域经济的发展。据2006年世界知识产权组织（WIPO）统计，文化创意产业占欧美国家GDP的比重超过了5%，其中对美国GDP的贡献率甚至超过了10%。❶2019年，文化产业在中国GDP中所占比重为4.5%❷，北京市、上海市等大城市中，文化创意产业在全市GDP中的比重更是达到10%以上。文化产业被党的十八大确定为国民经济的支柱型产业，更是未来经济发展的战略新兴产业。

二是文化产业对经济增长的间接带动作用。作用之一是文化创意可以渗透到各行各业，增加产品的文化附加值。根据亚伯拉罕·马斯洛（Abraham Harold Maslow）的需求理论，人类在满足基本的生存需求后，会追求价值实现层面的精神需求。随着人们生活水平的提升，消费需求也从最基本的生存需求上升到了审美需求、文化需求，更加注重产品的文化附

---

❶ WIPO. National Studies on Assessing the Economic Contribution of Copyright-Based Industries [EB/OL]．（2006-12-20）[2018-09-05]．https：//www.wipo.int/publications/es/details.jsp?id=367.

❷ 国家统计局.2019年全国文化及相关产业增加值占GDP比重为4.5%[EB/OL]．（2021-01-05）[2021-01-05]．http：//www.stats.gov.cn/tjsj/zxfb/202101/t20210105_1812052.html.

加值和审美品位，未来，文化需求将在消费需求中占很大的比例。中国台湾地区的施振荣于1992年提出了"微笑曲线"理论，即在国际分工产业链中，处于产业链两端的设计和销售附加值高，收益也高，而处于产业链低端的是加工制造环节，依靠劳动力、土地、厂房等要素密集生产，缺少核心技术，投入大，收益低。因此，产业未来的发展应朝微笑曲线的两端发展，增加产品的附加值，实现产业结构的优化升级，而文化附加值是附加值中的一个重要环节。作用之二是文化产业能够产生持续的波及效应，文化产业能够带动周边相关产业的发展，通过产业关联机制促进区域经济的整体增长。例如，巴黎卢浮宫作为一家博物馆，不仅通过文创产品开发给自身带来了高额收入，还拉动了整个城市旅游、住宿、餐饮、交通等相关产业的发展。这是文化产业的第一轮波及效应，通过博物馆塑造城市品牌，提升城市的国际知名度和影响力，是文化产业的第二轮波及效应，这种效应还将持续发展为第三轮、第四轮波及效应。许多经济学家已经对这种波及效应进行了大量的实证研究，据巴黎第一大学经济学教授泽瑞尔·格瑞夫（Xavier Greffe）的研究，1998年巴黎博物馆的这种经济波及效果最低为18.4亿欧元，这些消费换算成服务行业的工作机会的话，至少能够创造或保留43000份工作。❶

从这个层面讲，博物馆作为重要的文化场所，对其藏品资源进行产业化开发，不仅是博物馆自身价值实现的需求，也是促进经济整体增长、提高社会整体经济实力的重要途径之一。

---

❶ 贾旭东.文博领域文化产业的发展及其模式创新[J].江苏行政学院学报，2012（6）：33.

（二）文化产业是实现博物馆经济价值的现实选择

博物馆作为典藏人类文明精华的殿堂，集中保存着丰富的文化资源，在人类文化保管和传承中起着重要的作用。传统意义上的博物馆，其功能主要是对藏品的收藏、保管、展示和教育，但是随着经济的发展和精神层面需求的增加，人们逐渐意识到，博物馆不仅具有文化价值，还有很大的经济价值。并且，文化价值和经济价值是不冲突的，博物馆同样可以从事产业化经营。在尊重和保持文化遗产的真实性和完整性的前提下，运用创造性思维，挖掘文化遗产的巨大经济潜力，实现文化遗产的经济价值，不但不会破坏文化遗产的文化价值，还有助于文化遗产在大众层面的普及和推广，更大程度上实现文化遗产的文化价值。近年来，越来越多的人已经认识到，"躺"在博物馆的库房中并不是对文物最好的保护，让文物得到大众的广泛认可，成为大众日常生活的一部分，才能更好地实现文物的价值。所以，文创产品的开发不仅是博物馆实现经济价值的途径，也是实现文化价值的重要途径。

博物馆开展市场经营始于20世纪70年代的西方国家。为应对当时的经济危机和通货膨胀，欧美国家实施了一系列新自由主义经济政策，缩减博物馆等机构的经费开支是其中一项。这一政策导致博物馆运营经费紧张，不得不通过市场运营来维持日常开支。1978年，耶鲁大学美术馆馆长亚兰·沙塔（Alan Shata）率先提出市场化运营等理念，成为文化场馆市场化运营的先驱。20世纪80年代，欧美许多博物馆开始博物馆市场化运营，文创开发是其中很重要的一个环节。如今，文创已经成为吸引游客参观博物馆的重要考虑因素，并成为博物馆的重要创收渠道。大英博物馆、美国

纽约大都会博物馆、维多利亚和艾尔伯（V&A）博物馆等国际知名博物馆的文创产品开发已经形成成熟的开发模式和产业链条，并将文创产品收入作为博物馆的主营收入。台北"故宫博物院"也于2000年左右开始从事文创开发，翠玉白菜、肉形石等文物的衍生品受到全球观众的喜爱，创造了很好的经济效益和社会效益。

中国的国有博物馆是非营利性质的公益机构，运营经费来自国家财政拨款。随着人们文化需求的增加，博物馆成为重要的文化场所，单一的藏品展示已经不能满足民众的文化需求。而有限的财政经费仅够用于馆藏文物的保管维修和博物馆的日常开支，没有余力顾及博物馆业务的拓展。在当前经济下行压力加大和财政收入增速放缓的情况下，国家财政压缩对公益性事业单位的拨款是必然趋势。对于长期依靠财政拨款的博物馆来说，不得不面临来自经费层面的压力，要想更大限度地实现自身价值，必须具备自我造血的功能。

面对国际博物馆的发展趋势及博物馆自身的运营压力，政府非常重视博物馆文创产品的开发，出台了一系列政策对其进行鼓励。2005年12月，文化部发布《博物馆管理办法》，规定国家鼓励博物馆发展文化产业，多渠道筹措资金，促进自身发展。这成为我国博物馆主动接纳并逐渐重视文化创意产业发展的开端。2015年3月，国务院公布《博物馆条例》，明确规定博物馆"与文化创意、旅游等产业相结合，开发衍生产品，增强博物馆发展能力"。2016年3月8日，国务院印发《关于进一步加强文物工作的指导意见》，着重强调了"大力发展文博创意产业，扩大引导文化消费，培育新型文化业态，以适应当前形势和经济社会发展的需要"。2016年5月16日，国务院办公厅转发文化部等部门《关于推动文化文物单位文化创意产品开发若干意见的通知》，明确鼓励具备条件的文化文物单位采取合作、授权、独立开发等方式开展文化创意产品开发。随后，国家文物局公布了全国154家博物馆文化创意产品开发试点单位，要求试点单位在开发模式、收入分配和激励机制等方面进行积极探索，逐步建立起博物馆文化创意产品开发的良性机制。2017年2月正式发布实施的《国家文物事业发展"十三五"规划》中提出，到2020年，打造50个博物馆文化创意产品品牌，建成10个博物馆文化创意产品研发基地，文化创意产品年销售额1000万元以上的文物单位和企业超过50家，其中年销售额2000万元以上的超过20家。

尤其是在2020年新冠肺炎疫情的冲击下，很多传统产业生存状态艰难，国际贸易和对外出口下降明显，各国都在完善本国产业链体系，减少对国际产业链条的依赖。我国提出经济增长以国内循环为主，国内国际双循环相互促进的经济发展新格局，这就意味着要扩大内需，拉动国内消费潜力。2020年10月，国家发展改革委等14部门印发《近期扩内需促消费的工作方案》，其中提到："推动线上博物馆发展带动文创产品销售。鼓励具备条件的各级文博单位开发线上博物馆，结合5G、虚拟现实等技术，增加立体式展品展示。允许文创产品开发收益可按规定用于文博单位日常支出、征集藏品、提供公共服务。"❶可见，博物馆文创产品开发的意义和价值并不仅在于提高自身收益，更多的是成为参与经济增长的重要力量，在社会发展中发挥更为重要、积极的作用。

---

❶ 关于印发《近期扩内需促消费的工作方案》的通知［EB/OL］.（2020-10-14）［2020-12-07］. https://www.ndrc.gov.cn/xxgk/zcfb/tz/202010/t20201029_1249273_ext.html.

（三）文创产品是实现传统文化传承的重要渠道

2017年4月，国家文物局发布了第一次全国可移动文物普查结果，按照普查统一标准登录文物完整信息的国有可移动文物2661万件/套（实际数量6407万件），新发现一批重要文物（共7084149件/套），其中珍贵文物3856268件❶（见图1-2），这些文物中有65.49%保存在博物馆（纪念馆）中（见图1-3），是中华民族五千年文明所积累形成的宝贵财富。长期以来，这些优质文化资源处于闲置状态，造成了极大的浪费。第一次全国可移动文物普查发现，有一些博物馆大量藏品处于在库房"休眠"状态。一些县市级的博物馆因为保存条件有限，很多藏品出现不同程度的损坏，比如铜钱出现粉状锈，字画变得模糊不清等。即使库房条件好的大型博物馆，也因展览条件等诸多限制，使得大量馆藏品在库房"睡大觉"。例如，故宫博物院的馆藏品总量高达180余万件，但能展出的却极有限。故宫博物院第六任院长单霁翔在接受《瞭望》新闻周刊采访时解释说，故宫博物院的藏品级别呈"倒金字塔"结构，珍贵文物占93.2%，对展陈条件有特殊要求，受展览空间有限、展厅条件不达标、人才支撑不足等因素的制约，许多文物不得不"长眠"库房。而对于被展出的文物，观众的感觉也大多是"冷冰冰""看不懂"，不理解文物所传达的意蕴。如果能够将博物馆藏品资源所蕴含的传统文化精髓通过创意设计的再营造体现到文化创意产品当中，并且将它融入现实生活中，让文物活起来，"把文物带回

---

❶ 国家文物局. 第一次全国可移动文物普查工作报告［EB/OL］.（2017-04-11）［2020-12-07］. https://www.sohu.com/a/133269964_523187.

家",可以激发人民群众对中华优秀传统文化的了解、认同和热爱,坚定文化自信,汇聚发展力量。对于城市来说,可以提升城市的文化品位,彰显城市的文化特色,更大程度地发挥中华传统文化的魅力。

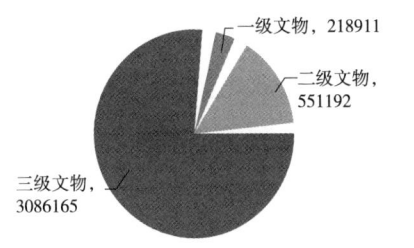

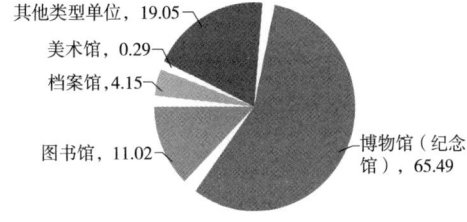

图 1-2　全国珍贵文物数量统计(件)　　图 1-3　文物的收藏单位占比(%)

实践层面,一些博物馆做了先行先试的开拓性工作,并取得了可观的成绩。2013 年,台北"故宫博物院"推出一款"朕知道了"胶带,在社交网络上引起了极大的轰动,纸胶带迅速被一抢而空。受到这个事件的启发,故宫博物院第一次面向全国征集文化产品创意,举办以"把故宫文化带回家"为主题的文创设计大赛,推出了一批耳熟能详的作品,朝珠耳机、"奉旨旅行"行李牌、"朕就是这样的汉子"折扇等,《每日故宫》《韩熙载夜宴图》《胤禛美人图》等一批精品 App 也受到年轻人的追捧。到 2016 年,故宫博物院开发了 8700 余种文创产品,销售额为 10 亿元人民币,取得了极大的成功。其他国有博物馆也都在努力尝试文创开发之路。国家博物馆于 2016 年在天猫推出旗舰店"国博衍艺",开创了自己的文创品牌。苏州博物馆于 2016 年 7 月与聚划算联合举办"型走的历史"跨界"时尚秀",推出 24 款苏州博物馆元素定制的服饰,将唐伯虎的字帖、贝聿铭的建筑、吴王夫差的青铜剑等文化元素与时尚服饰结合起来,并使用众筹的方式开发产品。2016 年 6 月,国家博物馆与上海自贸区签约,启动"文创中国"项目,由国家博物馆下属全资公司和阿里巴巴共同运营"阿里鱼·云设计中心",由全国博物馆与国家博物馆签署 IP 开发协议,阿里鱼和设计方、品牌商提供设计方案,由授权博物馆以及国家博物馆一起审核设计方案,最后由阿里巴巴负责招商生产,产品在阿里系平台销售,最终收益按比例分配,形成"互联网 + 博物馆"开发的新模式。

以上种种尝试为国有博物馆文创产品开发提供了先行先试的经验,然而国有博物馆文创开发的春天还没有真正地到来,尤其是对博物馆馆藏资源开发中的产权问题重视程度远远不够。很多博物馆对藏品物权、藏品版权等概念模糊不清,不清楚藏品的产权归属、版权权益内容、侵权责任后果等问题,简单地把博物馆资源理解成公共文化资源,或者博物馆自己的资源,不能很好地利用授权机制进行文创开发。如 2014 年中国版权与品牌授权商品的零售额超过 100 亿美元,但博物馆版权与品牌授权业务仅占 0.02%,版权授权、产权流转尚处于一个相对狭窄的领域。❶ 未来博物馆文创产业要取得突破性发展,产权问题仍然是最核心的问题。

三、研究意义:扫清文创开发的前置性障碍

解决国有博物馆藏品资源开发的初始产权分配问题,对于博物馆文创产品的开发所具有的意义是开拓性的,能够扫清文创开发的前置性障碍,为后续开发的制度设计和机制形成提供上位层面的保障。

---

❶ 胡卫萍,刘靓夏,赵志刚.博物馆文化资源开发的产权确认与授权思考[J].重庆大学学报(社会科学版),2017(4):56.

（一）为资源开发提供行为规则，保障开发主体基本权益

对于国有博物馆的藏品而言，产权一直是明确的。但是藏品资源的开发权则是近几年才出现的新生事物，之前没有人意识到这项权利的存在。作为一种新生权利，目前其产权界定尚处于空白状态，资源的所有方、资源保管方、资源开发使用方各自拥有哪些权利，权利的边界在哪里，权利如何在不同主体间让渡，目前在法律层面还没有明确的规定。这就容易给参与博物馆资源开发的主体带来不确定性，无法对自己在文创开发中可以做出的选择空间和行动范围进行预期，也无法对竞争对手的行为进行预期，加上市场风险的不确定，就会因风险太大失去开发的兴趣。产权的界定和权能划分，能够明确每个权利主体拥有哪些权利，能够在什么样的范围内以什么样的形式做什么，以及不能够做什么，也就是确定了每个主体的利益边界，如果行为超出所界定的范围，获得了不该得的利益，就是越权或侵权，将会为此付出代价。正如道格拉斯·诺斯所言："制度（主要是指产权制度）通过向人们提供一个日常生活的结构来减少不确定性……用经济学的行话来说，制度确定和限制了人们的选择集合。"❶ "制度在一个社会中的主要作用是通过建立一个人们相互作用的稳定的结构来减少不确定性。"❷ 通过产权界定，市场开发主体将明确在藏品资源文创开发中自己的权限范围和收益范围，明确什么样的行为会构成侵权，进而通过法律途径来维护自己的权益。

---

❶ 道格拉斯·诺斯. 制度、制度变迁与经济绩效［M］. 杭行，译. 上海：上海三联书店，1994：4.

❷ 同❶：6.

目前国有博物馆的文创产品开发虽然开展得有声有色，但其中也不可避免地出现了一些因产权不清晰产生的法律纠纷。例如，2019年3月21日，卡婷天猫旗舰店联合颐和园推出了系列彩妆，其设计灵感取材自颐和园保存的文物——慈禧寝宫"百鸟朝凤"刺绣屏风，该产品受到市场的热烈欢迎，仅24小时就在天猫售出超4000支。4月1日，卡婷突然接到天猫管理平台的投诉通知，称口红包装上的"百鸟朝凤"图案涉嫌侵犯北京中创文旅的美术、文字作品，涉嫌著作权侵权。事后，颐和园官方回复称，"百鸟朝凤"唯一合法的著作权所有人是颐和园，此事件中投诉人和被投诉人都是颐和园认可的正式合作方。表面上看这个事件是沟通不畅造成的，实际上暴露出在文创产品开发中，颐和园、中创文旅、卡婷三方都不明确在针对颐和园文物开发时各自享有的权利有哪些，彼此的权限范围如何界定。

（二）提高藏品开发效率，更大程度发挥藏品资源价值

产权的初始界定实际上就是生产要素在不同权利主体之间的分配，如果产权界定藏品资源开发权归博物馆，其他人想要利用资源进行开发，就必须向博物馆购买授权，相反，如果产权界定资源开发权归全社会，则博物馆将和其他市场主体一样，从资源拥有方（政府）购买资源开发权。关于产权如何进行界定，按照产权经济学相关理论，应该遵循整体效率最大化原则，即哪种界定能够给整个社会带来更大的福祉。

产权的一个重要作用是通过外部性内部化来优化资源配置结构，提高全社会的资源配置效率。在国有博物馆藏品资源开发中所产生的外部性主要是正效应，具体表现为开发出的文创产品给全社会带来了文化福祉，提

高了全社会的文化品位。如《韩熙载夜宴图》App，让无数欣赏者无偿受益。但一旦开发者发现有人在利用自己的创意成果进行商业活动，就会约束或修改自己的行为，要求使用方付费或者封存自己的创意成果。在知识产权保护机制不健全的情况下，如果无法做到让使用方支付合理费用，创意方从事创意产品开发的积极性就会受到打击，减少或不再从事创意开发行为，这就会使博物馆藏品资源开发的整体福利减少。因此，要想提高资源利用的整体效率，必须通过产权界定来明确资源开发权利主体的权利。

（三）提供收益分配规则，明确相关主体的收益范围

国有博物馆从事文创开发的一个瓶颈问题就是收益分配问题，各试点单位都在研究收益分配机制，并尝试出台收益分配方案，但目前的尝试是在博物馆内部为从事创意设计的人才、创意设计部门提供更多的收益，以激发创意部门和创意人才的开发积极性。实际上，收益分配的前置问题是产权问题，需要考虑收益在全社会范围内所有利益主体间的分配。产权是收益分配的基本依据。所有的生产活动都是生产要素组合的过程，谁是生产要素的主体，谁就获得相应的收入。如博物馆拥有藏品资源的数字化版权，就可以通过授权向版权使用方收费，而如果藏品资源数字化版权归全社会所有，所有人可以免费使用，则收益需要通过税收的方式在政府、开发方之间分配。而收益分配格局一旦形成，就会影响之后资源的流向和流量，对资源配置效率产生直接影响。

产权的界定和明晰有助于收益分配规范化。既然产权是收益分配的基本依据，产权划分就成为收益划分的基本依据。明确了产权在不同主体之间的划分，也就明确了收益在不同主体之间的分配。明确国有博物馆藏品

资源开发权中涉及的资源占有、经营、转让等相关权益的归属，也就明确了收益在不同主体之间分配的基本规则。只要产权能够得到保护，收益分配也就能够正常进行，各主体的收益也就得到了保障。

四、研究创新：开发理念创新与开发理论重构

（一）研究内容创新

关于博物馆藏品的文创开发，研究多从文创开发的现状问题、研发设计、授权机制、经营管理等角度进行，缺乏从宏观视角对博物馆藏品的文创开发进行整体思考和制度设计。本书从国家鼓励对博物馆藏品资源进行文化创意产品开发的政策初衷是促进传统文化传承创新这一视角出发，重新审视中国国有博物馆藏品文创开发面临的真正问题并不是体制机制障碍，而是开发所涉及的产权不清晰问题，从而提出国有博物馆藏品文创开发中产权的初始分配和再分配问题。初始分配是国有博物馆藏品所有权和经营权的第一次分离，即藏品所有权方将藏品所有权进行切割，将藏品文创开发的使用权、经营权、收益权分配给藏品文创开发方。产权再分配是初次分配后，藏品文创开发的使用权、经营权、收益权在不同市场主体之间的再调整。现在多数学者研究的博物馆授权机制就属于再分配。本书以产权初始分配为研究视角，将研究上升到更为宏观的产权经济学维度，对国有博物馆藏品文创开发的思考回归到政策设计的初衷，思考国有博物馆藏品文创开发的本源问题、前置问题，并对现有博物馆授权机制的合理性和效率提出质疑，如果产权初始分配不合理，那么国有博物馆藏品文创开发的效率和公平就会受到全面质疑，开发市场也就难以真正建立。

（二）研究视角创新

由于博物馆的公益属性定位，传统博物馆学的研究多是从哲学、文学、艺术设计、历史学、文献学等角度进行，很少有从经济学角度对博物馆进行研究。文博产业兴起之后，博物馆经营管理问题开始受到关注，但对博物馆藏品文创开发的研究多是从经营管理、政策制度、授权机制、设计研发等角度进行，很少从产权经济学视角对文创开发问题进行思考。本书立足于传统文化资源创意性转化和创新性发展，从系统性的产权制度角度出发，分析国有博物馆的传统文化资源在文创开发中面临的阻碍因素，研究立足于国有博物馆，又跳出博物馆的局限，将博物馆作为文创开发市场主体之一，从整个社会福利最大化的角度去思考如何更好地实现藏品资源的社会价值和经济价值，具有一定的创新性和前瞻性。

（三）理论建构创新

文化经济学是近年来随着知识经济时代来临新兴的交叉学科，研究领域主要是影视产业、演艺产业、艺术品交易、城市文化空间等，将文化经济学引入博物馆相关研究中，尚处于薄弱状态。中国的国有博物馆在产权制度和运行机制上不同于西方博物馆，西方博物馆成熟的文创开发经验在中国不具备可借鉴性，因此必须寻找适合中国国有博物馆产权制度和体制机制的文创开发理论模型。本书在运用传统产权经济学对国有博物馆藏品文创开发的产权分配方式进行分析的基础上，提出国有博物馆藏品资源文创开发理想的初始产权分配模式及现阶段可行的分配模式，并在此基础上提出国有博物馆藏品文创开发的九种模型，希望能够为博物馆藏品的文化创意产品开发提供一种具有产业发展维度的理论支撑。

第二节 博物馆资源开发的学理历程

产权的初始界定，实际上是稀缺性资源在相关利益主体之间的第一次分配，与之相关的研究涉及资源配置的理论依据、资源配置的方式、国家产权制度等。国有博物馆文创产品开发的产权初始配置，是指国有博物馆藏品资源的所有者作为出让方向藏品资源的使用方（受让方）第一次转让资源开发权的分配行为。本书对产权经济学关于资源配置的研究，以及博物馆藏品资源文创开发研究中涉及的资源配置问题的研究现状进行了梳理。

一、传统产权经济学关于资源配置的研究

（一）关于资源配置的研究

英国福利经济学家阿瑟·塞西尔·庇古（Arthur Cecil Pigou）于1920年出版了《福利经济学》一书，其中提到了资源配置问题。阿瑟·塞西尔·庇古从边际社会净产品和边际私人净产品的概念出发，提出当边际社会净产品和边际私人净产品相等时，才能实现社会资源的最优配置。阿瑟·塞西尔·庇古对此的解释是：

某甲在为某乙提供一些服务的过程中（这种服务是有报酬的），附带地也给其他人（不是同类服务的生产者）提供服务或带来损害，这种

服务得不到受益方支付的报酬，也不能使受害方的利益得到补偿。

阿瑟·塞西尔·庇古认为，增加一个单位的生产要素所获得的纯产品，从社会角度衡量和从个人角度衡量的结果往往并不一致。当边际社会纯产品大于边际私人纯产品，即产生正外部效应时，国家可以通过补贴扩大再生产。当边际社会纯产品小于边际私人纯产品，即产生负外部效应时，政府应该通过征税缩小生产。阿瑟·塞西尔·庇古举了因火车发动机产生的火星引起周边木材着火但又不赔偿的例子，以及留养兔子造成兔子闯入邻居土地从而给邻居造成损失却不赔偿的例子，说明政府应该通过征税、补贴等强制方式达到社会均衡。如通过征收铁路公司的火灾损失税收给损害制造方制造约束，或者给土地被兔子破坏的邻居等受害方发放补贴等。在此理论基础上发展出福利经济学的第一定律和第二定律。第一定律认为，在完全市场条件下，不管初始资源如何配置，每个人追求自己的效益最大化，自由竞争自然可以使整个社会达到帕累托最优状态，实现全社会最优的资源配置。第二定律认为，在完全竞争的条件下，政府只需要改变个人资源禀赋（如给农民提供直接补贴）的初始配置状态，其他一切交给市场解决，就能够实现帕累托最优资源配置。

（二）关于产权初始配置的研究

在《社会成本问题》（1960年）一文中，罗纳德·哈里·科斯（Ronald Harry Coase）对阿瑟·塞西尔·庇古的观点进行了批判。他认为阿瑟·塞西尔·庇古将矛头唯一地指向损害制造方，谁制造损害，国家就限制谁，谁就必须给受害方做出赔偿，这种做法是片面的。制造外部损害和制止外部损害都是权利的一种，允许外部损害的制造，就会对受害方带来损失，而如果制止外部损害，也会给制造外部损害方带来伤害，如因为排污问题不允许造纸厂从事生产，就是对造纸厂的伤害。"如果将生产要素视为权利，做产生有害效果的事的权利（如排放烟尘、噪声、气味等）也是生产要素。"❶ 简单地制止或惩罚外部损害制造方的办法并不一定合适，而是要充分考虑问题的相互性，"关键在避免较严重的损害"❷，才符合资源配置的效率原则。

罗纳德·哈里·科斯发现，一旦假定交易费用为零，而对产权（指财产使用权，即运行和操作中的财产权利）界定是清晰的，那么法律规定并不影响合约行为的结果，即最优化结果保持不变。换言之，只要交易成本为零，那么无论产权归谁，都可以通过市场自由交易达到资源的最佳配置。但在现实中，交易成本不可能为零，人们的交易欲望和方式不同，讨价还价订立契约以及督促契约条款的严格履行都是有很高成本的。人们应该研究存在正交易成本的现实世界，在这个世界中，权利的初始界定至关重要。由于市场中交易的东西不是传统经济学中所认为的实物，而是采取的行动和个人拥有的、由法律设置的权利，所以在交易费用为正的现实世界中，权利的初始界定（法律制度）将对经济体系的运行产生深远的影响。权利应该配置给那些能最富有生产性地使用它们的人，应该探索这样一种有效的产权制度。

在《社会成本问题》的后几节，罗纳德·哈里·科斯进入了正交易成本的世界。他认为，在涉及权利配置的问题上，经济学考虑的是如何使产值最大化。在交易成本为正的情况下，合法权利的初始界定会对经济制度

---

❶ COASE R H. The Problem of Social Cost [J]. Law Econ, 1960 (10)：3.
❷ 罗纳德·哈里·科斯. 企业、市场与法律（中译本）[M]. 盛洪，陈郁，等译. 上海：三联书店，1990：6.

的运行效率产生影响。首先，发现交易对象，交流交易愿望和方式，谈判、缔约和履约都有成本；其次，如果这些成本大于产权调整带来的收益，政府就可以通过禁令或赔偿的方式阻止产权调整的市场行为发生；再次，有利的产权调整可以用法律的形式来确定；最后，经济组织能以低于市场的成本获得有效的结果。这里有三种情况：一是由企业取代市场来配置资源。由于企业获得了所有方面的合法权利，所以在企业内部，要素组合中的讨价还价被取消，行政指令取代了市场交易，企业活动的重新安排不再是用契约对权利进行调整的结果，而是行政决定的结果。二是政府管制。政府也是一个超级企业，因为它能通过行政决定影响生产要素的使用。政府作为"超级企业"所拥有的权威可以减除不少麻烦，但这种方法也有成本，只有在其他办法无效时才会被采用。三是法院直接影响经济行为。法院在判决时就应该了解和考虑判决对经济的影响，显然，即使在罗纳德·哈里·科斯的世界里，这样做也能减少交易成本和节约资源，但应明白，法院做出的实际上是关于资源使用的经济判决。

（三）关于产权问题的研究

美国法学家理查德·波斯纳（Richard Posner）从20世纪70年代开始，相继出版了《法理学问题》《法律的经济学分析》等著作，将罗纳德·哈里·科斯的交易成本分析法运用到法律领域。但在理查德·波斯纳的分析中，交易成本不是核心的关键词，效率才是。❶理查德·波斯纳认同罗纳

---

❶ 理查德·波斯纳的《法律的经济分析》中基本概念是价值、效用、效率。参见理查德·波斯纳.法律的经济分析（中译本）[M].蒋兆康，译.北京：中国大百科全书出版社，1997.

德·哈里·科斯关于效率的分析："如果企业组织购买、生产和销售的成本小于或等于通过市场交易的成本，则企业是有效率的；反之，如果企业组织购买、生产和销售的成本大于通过市场交易的成本，则企业是无效率的。"❶并将效率的概念应用到法律中，认为法律的最终目的是促进社会福利最大化。理查德·波斯纳认为，在市场交易成本为零的情况下，法律对权利的配置与效率无关，如果权利配置无效率，当事人可以通过市场交易调整到有效状态。理查德·波斯纳对科斯定理在法律层面进行了推论，第一推论是，法律在注重经济效率的意义上应该尽量降低交易成本，比如通过清晰地界定产权，并允许产权交易，使社会财富最大化。第二个推论是，在法律做了最大的努力但交易成本仍很高的情况下，法律应该将产权配置给能带来最大价值的使用者，来模拟市场对于资源的支配。❷在此基础上，理查德·波斯纳更进一步形成"波斯纳定理"，即"如果市场交易成本过高而抑制交易，那么，权利应赋予那些最珍视它们的人"❸。如果交易成本过高又无法降低，而其他人比现在的权利主体更需要这些权利，说明现在的产权初始配置（法律制度）是有问题的、是缺乏效率的，资源的配置没有实现最优化，立法者应该修改现有法律或者制定更有效率的法律取而代之，通过权利的重新配置将权利赋予最珍视它的人。

---

❶ COASE R H. the Firm, the Market, and the Law [M]. Chicago：The University of Chicago，1988.
❷ 理查德·波斯纳. 法律理论的前沿 [M]. 武欣，凌斌，译. 北京：中国政法大学出版社，2003：6.
❸ 同❷：20.

(四)国内学者对资源配置的相关研究

国内学者自 20 世纪 90 年代初开始引入产权经济学的相关理论,并用它来分析完善中国现行的产权制度。

吴敬琏在 1991 年面对计划还是市场的论争,提出论争的本质是资源配置方式的选择,经济体制的首要功能在于有效配置资源,以行政手段还是市场力量来配置资源,取决于哪种方式更有效率。[1]

黄少安认为绕开公平问题而论产权安排的效率是科斯定理的一个缺陷。即使在零交易费用下,由于产权安排实质上是财产的权利分配,一种安排代表一种分配格局,不同安排代表不同的分配格局,因此,无论交易费用为零还是为正,产权初始安排不同就意味着财富分配格局不同,都必然影响分配的公平状况。产权的初始获得者将得到一定的财富存量和未来可能的增量,存量和增量不同就意味着不同的经济地位和在交易中讨价还价的能力,这种地位和能力上的差异将会影响财富分配的公平度。可见,法律对产权的初始配置不同,将影响到财富分配和制度的公平。[2]

近期的相关研究热点是 2016 年张维迎和林毅夫关于产业政策的论争,以及由此引发了一场学术大讨论,其实论争的核心问题是政府与市场这两种资源配置方式的边界。张维迎主张废除产业政策,完全由市场和企业家进行资源配置,政府不应该给任何企业、任何行业以特殊的政策,这是对其他行业的公平。林毅夫则认为产业政策是经济发展的必然条件,理由有

---

[1] 吴敬琏.论作为资源配置方式的计划与市场[J].中国社会科学,1991(6):125.
[2] 黄少安.产权经济学导论[M].北京:经济科学出版社,2004:301-302.

两点：一是任何国家的资源都是稀缺的，政府必须优先扶持某些发展潜力大、对经济贡献大的产业；二是政府可以帮助企业克服外部性和协调问题。

2017年，中共中央办公厅、国务院办公厅印发的《关于创新政府资源配置方式的指导意见》中提出，对当前政府配置资源中存在的市场价格扭曲、配置效率低、公共服务供给不足等问题进行市场化改革，大力减少政府对资源的直接配置，创新配置方式，更多引进市场机制和市场化手段，提高资源配置效率。针对自然资源、国有资产、非经营性国有资产要创新配置方式，健全公共资源产权制度和新型资源配置体系。

（五）研究述评

首先，无论是罗纳德·哈里·科斯还是理查德·波斯纳，秉承的都是芝加哥学派的自由主义传统，以效率、最大化、市场有效、理性人假设等新古典经济学概念为逻辑起点，运用均衡分析、成本效益分析等分析方法，注重对效率的评价。但在现实中很多问题不只有效率一个评价标准，而且人在做决策的时候由于信息不完全等因素，不能一直是理性人。社会人假设、对公平等社会问题的考量让产权的界定和划分成为复杂的要素均衡过程变得更为复杂。

其次，已有的研究关注的是在产权格局既定的情况下通过外部效应内部化的方式进行利益调整，没有关注在现有产权运行过程中出现的新生产权问题，新生产权如何界定和划分、划分的依据和手法、如何与原有产权进行切割和协调，这些问题都没有得到足够的关注。

再次，已有的研究关注对外部性的分析和产权的划分，而不涉及对外部收益的分析。其实，除对外部损害外，还需要对外部收益设置产权，以使之内部化。因为二者都能影响资源配置,二者的内部化都有利于整个社会总产值及总收益的增加并节约社会成本,减少资源浪费。

二、新时代博物馆文创开发产权问题研究

（一）国外相关研究

国外关于博物馆从事文化产业的研究始于20世纪七八十年代新博物馆学的兴起。1984年,博物馆界学者发表《魁北克宣言》,反思传统博物馆学对社会发展不适应的一面,该宣言指出:"当我们保存过去文明的遗存以及保护今日之渴望与科技的成就时,新博物馆学主要关注于社区发展,反映社会进步的旺盛力量,并且将其与未来计划相连接。"该宣言发布后,引发了博物馆界大量对传统博物馆思维方式、目的、功能的反思,这类文章在1989年由彼得·弗格（Peter Vergo）等集结出版,命名为《新博物馆学》。

此后,关于博物馆文创产业的研究主要沿着两条脉络展开:一条脉络是博物馆经营,主要针对博物馆的价值理念、目标使命、功能定位、市场营销等。代表性的成果有美国学者菲利普·科特勒（Philip Kotler）出版的《适用于非营利机构的市场学》,开启了博物馆市场学的先河,他指出,适用于工商界的市场学原则和技术,同样可以适用于非营利的文化机构。[1]库珀·格林威尔（Hooper Greenhill）认为,在市场经济影响下,博物馆和画廊需要重新定位自己的社会价值,发展公共服务职能,为公众提供更为愉

---

[1] KOLTER N, KOLTE P. Can Museum be All Things to All People? Mission, Goals, and Maketing's Role [J]. Museum Management and Curatorship, 2000, 18 (3).

悦和有价值的体验。❶ 阿万尼·斯蒂芬（Avani Stephen）认为，在休闲产业兴起的背景下，当代博物馆应将文化的再生产作为博物馆的一项重要功能。❷ 另一条脉络是知识产权授权产业，主要研究方向为博物馆等文化艺术部门知识产权的开发、转让和许可。在数字化时代，文化艺术生产与知识产权保护利用之间的关系越来越密切。世界知识产权组织在 2007 年发布了《博物馆知识产权管理指南》，提到博物馆的知识产权包括版权、交易权、专利、商业机密、域名权、工业设计等，分析了博物馆知识产权管理机制，并指出了文创产品销售的两种商业模式，授权给制造商模式和直接零售许可模式。露丝·陶丝（Ruth Towse）在 Copyright in the Cultural Industries 中论述了版权与文化产业的关系，强调了版权在文化产业发展中的重要性，并对文化生产中如何有效保护和利用版权进行了探讨。阿诺德·P. 卢特斯科（Arnold P. Lutzker）对数字化时代的著作权和商标权进行了研究，尤其就著作权和商标权的授权如何推动创意产业的发展进行了详细的论述。❸

（二）国内相关研究

国内学者对博物馆文创产品开发的研究起步于 2000 年以后，涉及产权问题的研究主要集中在授权和知识产权保护利用两个层面。有代表性的研究成果如下。

湛远知提出文创产业中的"商品化权"的概念，商品化权就是对知名

---

❶ GREENHILL H. Museums and their visitors［M］. London：Routledge，1994.
❷ STEPHEN A.The Contemporary Museum and leisure：recreation as a museum function［J］. Museum Management and Curatorship，2001，18（3）.
❸ 阿诺德·P. 卢特斯科. 创意产业中的知识产权——数字时代的著作权和商标［M］. 王娟，译. 北京：人民邮电出版社，2009.

形象标识的商业开发权，是对某种文化符号在原有基础上重新开发和加工利用，是一种新型的知识产权。如对知名人物姓名与肖像、作品标题与片段、角色的剧照形象设计、特定建筑、历史传统、典故的再次商业化开发，都属于商品化权。作为一种新型权利，商品化权不同于著作权、人身权、专利权、商标权，现行的知识产权法、反不正当竞争法在对商品化权的保护中都存在缺陷，迫切需要制定单行的"商品化权法典"或"商品化保护与授权法"，从保护财产权的角度平衡各方利益。❶

田艳对传统文化的产权制度进行研究，认为传统文化由于产权主体不明等特殊问题，不能被现行知识产权制度很好地保护。应采用"双重主体"，即权利主体是传统文化所在社区的群体（包括少数民族），另设管理主体"传统文化产权集体管理组织"，性质上属于民间组织，负责侵权救济、招募基金，用于保护、开发、推广、发扬本区域的传统文化。同时，还需要将传统文化产权制度纳入我国现行的无形财产权制度框架内，作为一种与知识产权制度相并列的民事财产权制度，凸显中国民法的特色。❷

胡卫萍等认为，博物馆文化资源开发的实质在于产权交易，通过藏品的产权确认、物权处置、版权授权等交易过程，展示了文化资源产权从授权到创权再到维权的全过程。如果没有认识到博物馆藏品物权、藏品版权、博物馆遗址标识等的存在及对它们保护利用的重要性，在博物馆文化资源的产业化开发利用中就容易发生侵权事件。❸

---

❶ 谌远知.文创产业中商品化权与知识产权研究[M].北京：经济科学出版社，2012.
❷ 田艳.传统文化产权制度研究[M].北京：中央民族大学出版社，2011.
❸ 胡卫萍，刘靓夏，赵志刚.博物馆文化资源开发的产权确认与授权思考[J].重庆大学学报（社会科学版），2017（4）：103-110.

国家文物局局长刘玉珠提出，要"面向社会平等开放文物资源，释放社会力量参与文物保护利用的法律规则、政策边界和各方利益，找准政策和优先领域的契合点，消除准入不准营的隐形障碍，保证社会参与的权利平等、机会平等、规则平等"❶。

从目前的研究来看，国内关于文创产品开发中产权问题的研究更多集中在授权层面，对其上位层面的初始产权配置的研究尚处于空白状态，即博物馆，尤其是国有博物馆文创产品开发权的权利归属问题，无论是在法学层面还是在经济学层面，都没有相关的研究。另外，就博物馆授权本身的研究而言，也多是对授权本身的价值、程序、机制进行研究，没有能够从资源配置效率层面考虑如何通过不同授权方式间的比较研究，达到文博行业整体的效益最大化。

第三节 博物馆资源开发的思路整理

一、研究对象：博物馆文创开发产权界定管理

本书的研究对象是基于国有博物馆文化资源进行创意设计、产业化开发过程中所生成的一组新的产权，研究这组产权的归属、使用、让渡和收益支配，以及围绕这组产权所形成的利益相关人之间的权利边界和制度规范。进而研究通过什么样的产权设计和制度安排能够让国有博物馆文化资

---

❶ 刘玉珠.多措并举让文物活起来，传承发展优秀传统文化［EB/OL］.（2017-10-23）［2020-09-12］. http://views.ce.cn/view/ent/201710/23/t20171023_26629948.shtml.

源的价值得到最大限度的实现。本书的研究需要以对三个关键词的界定为开端。

一是博物馆文化创意产品。目前学界对文化创意产品的定义还没有统一的说法。联合国教科文组织将其定义为具有传达意见、符合于生活方式的消费物品。中国台湾地区《2010台湾文化创意产业发展年报》将文创产品定义为可以传达意见、符号及生活方式的消费品，不一定是可见可触的物体，具有文化性、精选性、创意性及愉悦性，是文化创意产业中相当重要的一环。本书在借鉴现有关于文创产品诸多定义的基础上，将文创产品定义为：依托一定的文化资源因素，通过设计和创造化表达，将文化因素转化成符合现代生活形态的新形式，以满足人们的物质需求和精神需求的产品。它具有三个特性要素：文化属性、知识产权、产业活动。文化属性是文创产品的基础，文创产品必须依托一定的文化内涵进行设计创作。知识产权是文化作品实现产业化、成为产品的渠道，文化设计作品必须形成知识产权，才能够在市场上流通销售。文创产品的知识产权特征，就是在设定的条件下，将文化产品的拥有权和使用权分离。产业活动是指文创产品的最终目的是获得经济利润，必须按照市场化的方式，生产有市场需求的产品。在此基础上，博物馆文化创意产品是指基于博物馆文化资源开发的，能够体现博物馆文化底蕴及内涵，经过现代创意设计手段进行再创作的，能够满足市场需求的有形产品或无形服务。

二是博物馆藏品文创权（以下简称"文创权"）。文创权是在新的发展背景下，随着博物馆职能的转变而兴起的一种基于藏品资源开发所形成的一组权利。馆藏资源开发是一种无形的稀缺资源，围绕资源开发所形成的人与人之间的关系组合即构成文创权。具体来说，博物馆文创产品开发是

凭借对博物馆的馆藏藏品、博物馆遗址、品牌商标等资源的再创作和再利用,演绎形成新的知识产权,并将这些知识产权投放到市场,进行产权交易,以产生经济效益。从法学维度上看,此类产权涉及藏品原件的物权、藏品版权、专利技术(传统工艺技术和现代展示技术)、遗址的地理位置、博物馆商标品牌等知识产权。从产权经济学维度看,主要是在开发过程中的被开发对象的所有权、权利的让渡、收益的支配,即博物馆文创产品开发的所有权、使用权、收益权。但文创权并不是这组权利的简单叠加,而是深入分析在市场交易条件下这组权利在时间和空间上的分布状态,以及围绕博物馆文创开发所形成的权利相关人之间的行为准则和行为规范。

三是产权分配。权利的分配会影响到资源使用效果,采用什么样的方式对国有博物馆藏品资源文创开发中涉及的产权进行分配,将直接关系到藏品资源能否被顺利开发。基于产权形成的过程,可以将产权分配分为初始分配和再分配。初始分配是指产权从所有者第一次向使用者转移时的分配,一般以法律或约定俗成的规定作为分配的标准。如科斯定理所提到的牧羊人与农夫之间的故事,法律赋予牧羊人牧羊的权利还是赋予农夫耕种的权利,直接关系到当损害发生时是牧羊人向农夫赔偿还是农夫向牧羊人赔偿,这种权利分配就属于初始分配。产权的再分配是指在初始分配完成后,权利主体之间对相关权利的再调整,如上例中当牧羊人和农夫各自的权利明确后,牧羊人向农夫购买放牧的权利,或者农夫向牧羊人购买耕种的权利。本书所研究的国有博物馆藏品文创开发中的权利初始分配,是指国家作为藏品所有权享有方,将基于藏品进行文化创意产品开发的权利从所有权中分离出来,作为一项独立的权利,分配给有意愿从事博物馆藏品文化创意产品开发的相关主体。而国有博物馆藏品文创开发权的产权再分配，就是目前受到很多关注的博物馆授权和艺术品版权交易。

二、研究内容：博物馆文创开发产权初始分配

本书以国有博物馆文创产品开发中所涉及的产权初始分配为研究对象。如果把国有博物馆的文化资源开发权当作一种稀有资源，围绕这一资源，会形成一系列关于资源开发中的产权问题，包括：在权利的初始分配中，谁有权对资源进行开发；用什么样的资源配置方式和开发规则能够使资源得到最大限度的开发；资源开发的收益将如何分配才能充分调动开发者的开发积极性等。这些问题是国有博物馆文创产品开发面临的瓶颈问题，只有从制度和法律层面解决了这些问题，才能突破当前国有博物馆文创产品开发的体制机制障碍，真正释放国有博物馆文化资源的活力。具体来说，本书的研究分为八章。

第一章是博物馆资源开发的研究逻辑。着重从文化创意产业在全球范围内的兴起并成为重要的经济增长点，以及博物馆功能从收藏保存研究为主向重视教育和文化传播转变这些背景出发，提出在博物馆藏品资源开发中清晰界定产权的必要性和重要意义。进一步说明本书要研究解决的核心问题，围绕这一问题的相关研究现状及理论成果，本书的研究思路和主要研究方法为后续研究提供逻辑起点。

第二章是博物馆资源开发的产权概念界定。研究在国有博物馆藏品资源的文创产品开发中都涉及哪些权利，为了表述方便，将其简称为"文创权"。首先明确文创权在法律体系中的权属定位，继而分析设立文创权的理论可行性和现实必要性及文创权在国内外博物馆发展史中的演进历程，

最后界定文创权的权利内容、权利主体和权利客体。

第三章是博物馆资源开发的产权初始分配。论述行政和市场两种配置方式在博物馆藏品资源文创开发初始配置中所起的作用，并分析两种资源配置方式各自的运行逻辑、动力机制、优缺点，以及在文创权初始配置中的特殊运行机理及具体实现途径。

第四章是博物馆资源开发的产权分配效率。效率问题是资源配置的核心问题，本书选取帕累托效率这一经济学界公认的标准来衡量行政和市场两种配置方式在文创初始产权配置中的效率。以罗纳德·哈里·科斯的交易成本理论为分析依据，从投入方式、经营方式、收入效益三个层面来分析行政和市场两种方式各自的解决方案及效率。最终得出市场在资源配置方面效率更高的结论。

第五章是博物馆资源开发的产权分配公平。国有博物馆藏品属于公共文化资源，对其进行利用时公平问题是放在第一位需要关注的问题。本书从哲学中关于公平问题的评价标准出发，分析行政与市场两种配置方式中的哪一种在文创初始配置中更有利于藏品资源的公平分配使用。最终分析结果是市场配置方式更利于实现资源配置公平。

第六章是博物馆资源开发的产权制度设计。国有博物馆藏品文创权的初始分配应遵循效率和公平兼顾的原则，最理想的初始产权制度是将藏品资源信息全部免费向社会公众开放，鼓励全社会利用资源进行文创开发。但在现实条件尚不具备的情况下，对国有博物馆藏品资源的开发应采用市场化资源配置方式，建立有偿使用制度，通过公共资源交易平台统一进行交易，以实现资源利用效率最大化。

第七章是博物馆资源开发的实施策略思考。结合国有博物馆文创权的初始设计的市场模式，根据所有权和使用权主体的不同，以公共服务平台为依据，提出不同类型国有博物馆在文创开发中可以采取的九种模式。并总结本书研究的主要观点，提出下一步深入研究的方向。

第八章是研究结论与研究展望。

第四节　博物馆资源开发的研究范式

一、研究思路：问题导向与实践驱动

本着问题导向的研究思路，第一步明确当前在国有博物馆文创产品开发中存在哪些产权问题，本书将其统称为"文创权"，在对文创权进行权属界定的基础上，分析文创权的演进逻辑和权利内容。第二步分析文创权的分配方式，主流的分配方式有行政和市场两种，各自有不同的运行逻辑和适用范围，在文创权的初始配置中也有不同的作用方式和作用途径。第三步确立文创权分配方式的选择依据，从产权经济学中两个主流指标——公平和效率的角度分析行政和市场两种资源分配方式在文创权初始分配中的优缺点和适用范围，在此基础上明确文创权初始产权配置中应采用的资源分配方式。第四步进行文创权初始分配的制度设计，提出理想的初始产权设计模式和市场化的初始产权设计模式及其支撑保障体系。最后得出研究结论，并对未来进行深入研究和展望。

二、研究方法：比较分析与逻辑演绎

本书是对国有博物馆文创产品开发的产权初始分配进行理论上的研究，同时又具有一定的实践导向和应用价值，因此在研究方法上主要采用规范研究法、比较研究法和映射研究法相结合的综合性方法。同时根据研究内容采用案例研究法、实证研究法等传统方法。

第一，规范研究法。主要是陈述和解决研究对象"应该怎样"的命题，通常是根据一定的价值标准，运用逻辑思维进行科学的推理论证，从而确立相应的原则。❶本书在对国有博物馆藏品资源文创开发的初始产权、初始产权配置的方式进行概念界定的基础上，分析行政和市场两种资源配置方式的效率和公平，进一步决定国有博物馆资源配置改革的思路，最后提出国有博物馆文创开发初始产权的理想配置模式，主要运用的是逻辑推理演绎的研究方法。

第二，比较研究法。本书的研究对政府和市场两种资源配置方式进行比较，从效率和公平的角度分别分析其运行逻辑、优缺点及适用性，然后结合博物馆文创产品开发的现状，包括在开发方面做得成功的故宫博物院、国家博物馆等，也包括文创产品开发处于起步阶段的地方中小博物馆，同时借鉴国外大英博物馆、大都会博物馆等成熟的开发经验，分析在国有博物馆文创产品开发中应该采用的资源配置方式。

第三，映射研究法。即从相关学科的理论知识中找寻能够产生关联的

---

❶ 胡惠林.文化经济学（第2版）[M].北京：清华大学出版社，2014：12.

基本点,并将其映射到本书相关的研究中,使之产生对应关系。本书的研究主要借鉴产权经济学、法经济学等学科关于产权制度设计及评价方面的理论,将其运用到博物馆文化产业领域,使之产生内在的逻辑关联,从学科交叉的角度扩大研究的理论基础。

CHAPTER TWO

第二章

博物馆资源开发的产权概念界定

  Artkey（艺奇文创集团）是国内最早成立的一家艺术授权公司，在此之前，国内并没有艺术授权的意识。Artkey创业初期最经典的案例就是拿下齐白石作品的艺术授权。之所以选择齐白石，Artkey总裁郭弈承说："一是因为他的名气很大。二是因为他的作品在艺术授权上应用性很强，花鸟虫鱼这些日常生活中的题材，全世界都很容易接受。最重要的是，齐白石绘画所诠释的'生活美学'极好地表达了中国画的艺术境界，能让人从中体会到中国人的审美趣味，包括中国人独有的幽默。"Artkey拿到齐白石作品的完整授权绝非一件容易的事。齐白石有两位夫人、11个孩子，家族继承人散

---

❶ 中国经济网.Artkey艺奇文创集团董事长郭弈承：做中华文化宝藏"开矿人"［EB/OL］.（2017-12-13）［2020-06-19］.www.sohu.com/a/210142131_120702.

布在大江南北。郭弈承花费了两年时间去联系，协调促成他们召开家族会议，选出家族代表人谈授权合作，终于在 2002 年拿到了齐白石作品的独家授权。如今，齐白石作品被授权到全世界 60 多个国家和地区，授权商品涉及航空、银行等众多领域，越来越多不同文化背景的人通过印有 Artkey 授权标志的产品喜欢上了这位东方艺术大师。与此同时，齐白石原作的价值不降反升，在 2013 年法国的 Artprice 统计中，齐白石的作品成为当年拍卖总价最贵的，甚至超过毕加索。这个案例也让很多人意识到，文艺作品除了被用于欣赏、保存和研究外，还可以通过授权进行文化创意产品生产，由此也就产生了一组新的产权——文创权。

第一节　文创权的法理基础

利用国有博物馆中的文物资源进行文化创意产品开发，先要厘清在开发过程中所涉及的权利有哪些，这些权利在现实法律中的参考体系和权利救济途径是什么。实际上，在国家博物馆藏品资源的经济价值被人们认识之后，利用国有博物馆藏品资源进行文化创意产品开发并获取收益的权利就已经产生，只不过到目前为止，这种新型产权在法律上还没有命名，目前学术界有"商品化权"的类似提法，但商品化权涉及的范围更广，为了研究的便利，本书将其命名为"文创权"。文创权是一种虚拟权利，是对博物馆藏品文创开发中所涉及的权利的一个总称，零散分布在《著作权法》《商标法》《专利法》《物权法》等相关法律中。本章将阐述利用国有博物馆藏品资源进行文创产品开发中所涉及的权利（文创权）具体内容有哪些，这些权利在法律体系中的权属定位，权利的生成逻辑等基本概念问题。

一、文创权的权属定位

我国法律采用以成文法为依据的大陆法系，新生产权的法律认可需要很漫长的程序，因此本书所设定的文创权只是一种假设的权利，是为了方便对国有博物馆藏品资源文化创意开发中所产生的权利的论述，目前法律中还没有这种权利类型。

博物馆资源开发
初始产权管理

　　按照《物权法》第三条的规定，物权是指权利人依法对特定的物所享有直接支配和排他的权利，包括所有权、用益物权和担保物权。所有权是所有人对自己财产所享有的占有、使用、收益和处分的权利。所有权人有权在自己的动产或不动产上设立用益物权和担保物权。用益物权是利用他人所有的动产或不动产而获益的权利，包括占有、使用和收益。担保物权是在债务人不履行到期债务或者发生当事人约定的实现担保物权的情形时，担保物权人依法享有的担保财产优先受偿的权利。

　　用益物权是为了解决非所有人利用他人之物的现实需求而设立的，首创于罗马法。罗马法学家认为，所有权是对物的全面支配权，所有权人可以设立用益物权，将物的使用权暂时委托给他人，所有人并没有因此丧失所有权，用益物权人只是在所有权人许可的情况下获得了物的部分支配权。这一思想被大陆法系所吸收，也成为我国《物权法》的一部分。对于用益物权涉及的范围，不同国家有不同的规定，如德国、日本和中国台湾地区将不动产作为用益物权的客体，而在我国2007年修订的《物权法》中，将用益物权的客体界定为动产和不动产。也就是说，作为动产的国家文物，也可以作为我国用益物权的适用对象。另外，关于用益物权的具体种类，目前《物权法》规定的有土地承包经营权、建设用地使用权、宅基地使用权、地役权。随着社会的发展，新的事物不断出现，用益物权的权能范围也在不断调整，1986年颁布的《民法通则》中将"国有资产使用权"列入"与财产所有权有关的财产权"[1]中，这里的国有资产主要指的是自然资源，包括森林、土

---

[1] "与财产所有权相关的财产权"是当时我国对用益物权的提法，当时是意识形态的需要，《物权法》出台后，这一提法被"用益物权"这一国际通用语取代。

地、山岭、草原、荒地、滩涂、海洋、矿藏等。本书认为，近年来，文化资源的经济价值逐渐被全球范围内的人们认识到，文化资源能够创造出客观的经济价值，这点已经在全社会达成共识。文化资源也可以转化为文化资产，那么国有资产的范围就不仅包括国有自然资源，也应该包括国有文化资源。所以，国有博物馆的藏品资源应该成为用益物权的保护对象。

文创权作为利用国家藏品资源产生收益的行为，是一种他物权，而且也是一种基于所有权和经营权分离所产生的独立物权。但是文创权也有不同于其他用益物权的地方，最明显的不同是《物权法》规定的用益物权人可以享有的占有、使用和收益三项权利中，文创权所享有的占有权不是占有国有博物馆藏品本身，而是占有藏品资源的数码高清图像或某些可供开发的文化元素，但这种占有也是具有排他性的。如某公司通过授权取得了对故宫各种釉彩大瓶的开发权，并不意味着该公司可以占有各种釉彩大瓶，而是获得了以各种釉彩大瓶作为文化元素进行文创产品开发的资格，但是这种资格也具有排他性，是占有权的另一种表现形式。同时，文创权中的使用权和收益权也是针对文创开发行为的使用权和收益权，不是对藏品本身的使用权和收益权。文创权在物权法律体系中的权属认定，具体如图2-1所示。

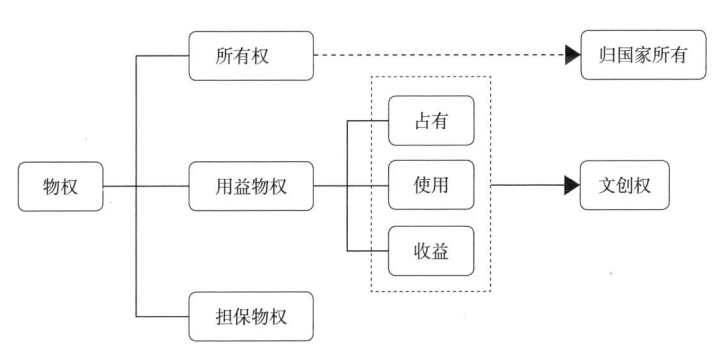

图2-1 文创权在法律体系中的权属定位

二、文创权的权能属性

在现实法律体系中,文创权是一组权利的组合,它具有财产权和知识产权的多重属性。

(一)文创权的财产权属性

文创权具有财产权利中无形财产权的属性,因为文创权具备财产权利的典型特征——能够创造具有排他性的经济利益。一是文创权主体对文创产品具有独占性、支配性和排他性的权利,未经权利人授权或许可,任何第三方不得随意使用。这是市场交易的前提条件,表明文创权可以作为一种商品在市场上进行交易。二是文创权能够创造经济利益。通过对藏品资源的创意开发,生产出具有一定使用价值的产品,尤其是产品所蕴含的文化附加值,不仅能够扩大藏品的知名度、好感度和美誉度,而且能够给文创开发主体带来巨大的商业利益,实现商品或服务的价值转换。同时,文创权也具备财产权可继承、可转移、可放弃的特征。

(二)文创权的知识产权属性

文创权具备知识产权的很多特征。知识产权保护的是人类创造性的智慧劳动成果,属于无形财产。1970年世界知识产权组织提出的《建立世界知识产权组织公约》规定,"知识产权"包括"文学、艺术和科学作品;表演艺术家的演出、录音和广播;人们努力在一切领域的发明;科学发现;工业品式样;商标、服务商标、厂商名称和标记;制止不正当竞争;

第二章 博物馆资源开发的产权概念界定

在工业、科学、文学或艺术领域里其他一切来自知识活动的权利"。这里的"在工业、科学、文学或艺术领域里其他一切来自知识活动的权利"是一项开放性的"兜底条款",为世界上大多数国家所接受。[1] 文创权就属于最后一款"来自知识活动的权利",从理论上讲,知识产权可以包含文创权这一类型。同时,文创权具备知识产权的总体特征——专有性、地域性、时间性。从专有性角度来看,文创权的权利人对其作品拥有排他性和独占性,其他人想要拥有使用权必须经过权利人的许可或授权。从地域性角度看,博物馆藏品资源的影响力、知名度和公众认可度具有明显的地域性,其衍生产品自然也具有地域性。从时间性角度看,虽然目前还没有明确文创权的保护期限,但作为文化与时尚结合的产物,文创权具有时间期限这一特征毋庸置疑。

虽然文创权具备知识产权属性,但与现有的知识产权类型包括著作权、商标权和专利权有明显的不同,应该作为一个单独的门类列出。

文创权不同于著作权。首先是二者的立法目的不同。著作权立法是为了保护作者的私人利益,鼓励作者的创作热情,同时满足推动文化和科学事业繁荣发展的公共利益。文创权立法目的则是对具有商业价值的藏品元素的商业化开发,将藏品资源中所蕴含的文化元素和内涵与具体产品进行嫁接,彰显传统文化的现代价值。其次是二者的保护对象不完全重合。《著作权法》主要保护的是作者的作品完整权,而对博物馆中的古字画复制品以及博物馆在数字化过程中所形成的数字图片,博物馆是否享有著作权,目前在理论界仍在探讨。同时,《著作权法》保护的是作品的平面复

---

[1] 郑成思. 知识产权论(第三版)[M]. 北京:法律出版社,2005:55.

制权，而对诸如瓷器、建筑等的立体复制是否属于《著作权法》所规定的复制，也很难回答。更为重要的是，在文创开发中，有些商业经营者通过搭便车能够获得巨大的商业利益，而著作权侵权的赔偿额度则往往很低，无法平衡权利人和侵权人之间的利益，权利人往往因为侵权赔偿额度低而不愿起诉。最后是二者的保护期限不一致。著作权的保护期限法人和自然人均为50年，但是文创权的保护期限目前还没有明确的规定。大部分藏品资源的年限都在几百上千年，但如果进行文创开发的话仍需要进行授权。

文创权不同于商标权。商标权法在保护文化开发方面也存在很大的局限性。《商标法》规定申请人应当按规定的商品分类表填报使用商标的商品类别和商品名称，并且只能在审定的范围内使用商标，主要是从终端商品的角度进行区分。但文创权是从商品开发原型角度出发的，取得某一原型的开发权之后，可以开发成不同类型的产品和服务，如果被开发成的产品超出了文化产业的范围，则不在商标权的保护范围内。可见，利用《商标法》保护文创开发，具有内容范围上的不周延性。同时，《商标法》规定某一注册商标如果长期不用于商品或者服务之中，则会对已经注册的商品进行注销，加上申报难度大、审核周期长等问题，都增加了博物馆利用商标保护产权的难度。

文创权不同于专利权。从保护内容来看，专利权保护创新性内容，以注册为保护的先决条件。按照专利权的授予条件，发明或实用新型专利要求具有新颖性、创造性、实用性，设计专利要求具有新颖性和实用性、富有美感、不得与他人在先取得的合法权利相冲突等。对专利的申请需要通过国家专利局的审批，审批周期较长，程序较为复杂。从文创开发的角度来看，尤其是中小文化企业及个人的文创设计，很难满足专利权的要求条件，也就不能得到专利权的保护。从保护期限来看，《专利法》的保护期限较短，发明专利权和实用新型专利权的保护期限是20年，外观设计专利保护期限是10年。保护期满后，专利进入公共领域，可供全社会共同使用。这样的保护期限对于文创权而言过短，不利于文创权的深度开发与运用。如对海昏侯文化资源的开发就是一个长期的过程，10年的专利保护期显然是不够的。

（三）文创权与商品化权的关系

目前，学界对文创权类似的提法是商品化权。商品化权是对已有的形象标识进行二次商业开发的权利，开发对象包括姓名、肖像、角色、声音以及具有识别性的物品、表演、作品标题等文化符号。如对"米老鼠"这一虚拟角色的文化创意产品开发，对哈利·波特（Harry Potter）在电影中使用过的魔法棒这一道具的批量生产销售，利用演员的剧照进行广告宣传等。文创权与商品化权的共同之处在于两者都是基于已有文化符号或文化产品进行商业化开发的权利，都对已有文化符号进行了创意加工，产生了知识产权，并利用新的知识产权在市场中获得收益，具有财产权和知识产权的双重属性。不同之处是二者的开发对象范畴不同，商品化权的开发对象是所有的文化符号，范围更广，而文创权仅仅是针对国有博物馆的藏品资源进行文化创意产品开发的权利。

第二节　文创权的设立逻辑

一、文创权设立的理论可行性

公有文化资源是指过了著作权保护期进入公共领域的文化遗产中能够被用于再生产、创造出新财富的部分，包括有形文化资源和无形文化资源。有形文化资源包括历史文物、历史建筑、人类文化遗址中可以产生新价值的部分；无形文化资源包括风俗习惯、宗教信仰、民族工艺、民间文艺等非物质文化遗产中可供开发利用的部分。

公有领域的概念最早出现在 1709 年英国颁布的《安娜法令》中，该法令最先通过对版权的时间限定，设定了一个"文学艺术的公共领域"（The Public Domain for Literature），此后，"Public Domain"作为一个版权法上的术语，始于 19 世纪中期的法国，后来被用到《伯尼尔公约》中，并传播到英国和美国。1896 年 5 月 18 日，美国最高法院在知识产权案件中最早使用这一术语，1908 年，美国《版权法》第六、第七条也使用了这一概念。随后，在勒恩德·汉德（Learned Hand）法官的倡导下，"公有领域"这一术语就成了美国知识产权法上的重要概念。

根据约拉姆·巴泽尔（Yoram Barzel）的产权经济学理论，每一件物品都拥有多重属性，这些属性不可能被完全认识到，所以产权是一个相对的概念，随着新信息的获得，资产的各种潜在有用性被技能各异的人们发现，并通过交换来实现其有用性的最大价值。所以，产权是一个不断变化

第二章　博物馆资源开发的产权概念界定

的过程，即使是同一件物品，随着社会的发展，一些不能创造价值的权利会不断被放弃，新的权利不断产生。从公有文化资源的角度来看，其产权也是不断发展变化的。以青铜器司母戊鼎为例，最初的用途是祭祀，物质属性占主导地位。随着社会的发展，司母戊鼎作为人类文明进程的见证进入博物馆，不再发挥祭祀的作用，物质属性被放弃，精神属性成为主导属性。近年来，以司母戊鼎为原型开发的复制品、文化创意产品不断出现并进入市场，作为商品创造出物质财富，其资产属性开始出现。

资产属性的出现意味着产生了新的财产所有权，即新的产权。在公有文化资源的开发运营中，如果没有产权限制，任何人都可以对文化遗产进行开发使用并获得收益，容易陷入两重困境：一是"公地悲剧"❶，如对历史文化街区和文化遗址的过度商业化开发，破坏了原有的历史文脉，给文化资源带来不可逆转的损失；二是"反公地悲剧"❷，即文化资源有很多权利所有者，大家都有权设置障碍阻止他人使用，导致文化资源的闲置和使用不足。更为现实的问题是，由文化遗产向文化资产转化过程中有很高的市场风险，前期需要投入大量资金，如果没有产权机制作为保障，很难调动文化企业的参与积极性。当前国有博物馆藏品的文创开发就面临着这样的问题，虽然国家政策鼓励博物馆和社会力量从事藏品文创开发，促进传统文化资源的创造性转化和创新性发展，但由于产权问题没有解决，博物

---

❶ 公地悲剧是1968年英国加勒特·哈丁（Garrit Hardin）教授提出在 *The tragedy of the commons* 一文中首先提出的理论模型，公地作为一项资源有许多拥有者，每个拥有者都有使用权并且无法限制他人使用，会造成资源过度使用和枯竭。

❷ 反公地悲剧是1998年美国迈克尔·黑勒（Michael Heller）教授在 *The tragedy of the anticommons* 一文中提出的理论模型，他提出，尽管加勒特·哈丁教授的"公地悲剧"说明了人们过度利用（Overuse）公共资源的恶果，但他却忽视了资源未被充分利用（Underuse）的可能性。

馆和社会企业都不明确自己在文创开发方面享有哪些权利，承担哪些义务，因此积极性很难被调动起来。因此，公有文化资源的开发使用，有必要建立起明确的规则，对相关权利人各自的权限范围和利益分配进行规范，即对公有文化资源的产权进行界定。

约拉姆·巴泽尔从产权的相对性角度把产权分为法定权利和经济权利，法定权利是政府承认和执行的那部分权利，经济权利是所有者从所有物而获得经济收益的权利，法定权利和经济权利并不完全重合。从法定权利来看，公有文化资源的所有权归国家，在《文物保护法》中已有明确的规定，但归国家所有在经济生活中则表现为公有文化资源所有者处于虚位，实际上没有个体有权利对文物资源进行开发利用，即文化遗产作为资产的经济权利尚没有进行产权界定，这是造成中国当前文化资源开发利用不足的瓶颈问题，因此需要从经济权利角度对公有文化资源的产权进行界定。

同时，从理查德·波斯纳的法经济学理论来看，在有价值的资源上设定排他权和可让渡的财产权，能够使该资源的价值最大化。因为财产权的界定可以明确各个社会成员在特定资源使用方面的经济利益，并成功捍卫自己的利益不受他人侵犯，从而激发社会成员的创造积极性，进而带动社会效益的整体提升。对于博物馆的文创开发而言，文创产品的开发面临着开发时间长、投入成本高、市场风险不确定的问题，一旦某一产品取得市场成功，有可能就会引起其他人的"搭便车"行为，从而使创新者无法或难以收回开发的高额成本，打击创新者的开发积极性。市场上很多同质化的文创产品都是由此而来。如果将博物馆的馆藏资源作为有经济价值的社会资源，要充分发挥这些资源的价值，就必须通过财产权的设定来保护创新者由于创新所创造的利益，激励更多的创新行为产生，从而为社会创造更多的财富。

二、文创权设立的现实必要性

从现实层面来看，我国现有的文物管理经营体制没有形成能够将所有权和经营权分离的制度机制，制约着博物馆文化产业的发展。目前我国博物馆采取分系统和分级相结合的管理模式。其中综合类博物馆、历史类博物馆、文化艺术类博物馆、纪念类博物馆以及部分自然历史类博物馆属文化部领导管理，科技类博物馆和部分自然历史博物馆属科技部领导管理，其他专门博物馆属其门类所在管理部门管理。根据博物馆的规模大小、影响力、社会地位等将博物馆分为中央、省、地、县四级分级管理。国家文物局和地方各级文物局代表国家对博物馆行使管理权，博物馆的经费来源于中央及地方各级财政预算。在博物馆文化产业得到重视之前，文物主管部门及博物馆没有运营项目，主要职责就是规划、保护、监督，随着博物馆产业化运营被重视程度的提升，国有博物馆各种运营项目逐渐增多，文物主管部门及博物馆不仅是管理者，也是运营者。

这种"运营式管理"是目前国有博物馆的主要运营模式，由政府财政拨付资金对博物馆文物资源进行开发，文物主管部门及博物馆直接经营。文物收藏、保存、接待、宣传教育、文创开发经营等所有活动都由博物馆在文物主管部门的领导下开展。这种模式和国企改革前政企不分的状况十分相似。博物馆文创开发属于市场行为，但在现有的文化管理体制下，其采用的是传统的计划经济管理模式，文物主管部门既是管理者又是经营者，对其他运营主体而言本身就有失公平性。文创开发的经费来自财政拨款，而财政对事业单位的拨款趋势是日益缩减，博物馆指望财政资金开发文创产品必然面临经费不足的约束，在开发设计、人员安排、激励保障、规划管理等方面都显得力不从心。博物馆工作人员属于事业单位编制，由他们从事文创产品开发缺乏相应的责、权、利约束和激励，开发动力不足。在这种情况下，只有将文创开发的权利从所有权和管理权中分离出来，将文创权交给市场，才能够真正摆脱事业单位管理体制对文创开发这一市场行为的束缚，激发全社会开发国有博物馆藏品资源的积极性。

在实际的文创开发中，也存在不少因产权不清带来的法律纠纷。如2009年恭王府"天下第一福"商标侵权案。2009年6月，文化部恭王府管理中心（以下简称"恭王府管理中心"）将北京湖山书苑文化有限公司（以下简称"湖山书苑"）告上法庭，称该单位注册的商标"天下第一福""康熙御用之宝"被后者侵权，湖山书苑在《人民日报》刊登广告，销售"康熙御笔'福'字立轴"商品。恭王府管理中心认为，被告单位擅自在商品包装、商品本身、宣传材料及广告上使用"天下第一福""康熙御笔之宝"注册商标，其行为侵犯了恭王府管理中心的注册商标专用权，故诉至法院要求被告停止侵权、赔礼道歉、赔偿经济损失共计10万元。

恭王府管理中心提出这一诉求的背景是，恭王府作为我国唯一一座保存最完整的清代王府，有"三绝一宝"之说，"三绝"是指这里的后罩楼、西洋门和大戏楼，"一宝"则是指恭王府花园中部的福字碑。相传这个福字是康熙皇帝在他的祖母孝庄皇太后60岁大寿时为祈求她身体健康而专门书写的，有着很深的或者是独特的文化价值、历史价值和文物价值。作为一种文化符号，这个福字在写法上暗合"子、才、田、福、寿"的字形，右半的上部像一个"多"字，因此，取意"多子、多财、多田、多福、多寿"，是中国人的一种精神追求。

第二章　博物馆资源开发的产权概念界定

恭王府管理中心的工作人员提出，现在人们一提到"福"字，就会想到恭王府，一到恭王府人们就会想到"福"字，"福"字已经和恭王府密不可分，这与多年来恭王府管理中心的工作人员潜心开发挖掘"福"字的文化价值是分不开的。因此恭王府管理中心于2005年11月注册了"康熙御笔之宝"商标，使用时限从2005年到2015年，2007年注册了"天下第一福"文字商标，核定使用商品为平版印刷工艺品以及金属纪念章等，使用期限从2007年到2017年。恭王府管理中心认为自己已经取得了商标专用权，意味着在商标有效期限内，别人未经允许就不能够在同一种或类似商品上使用与自己注册的相同或相似的商标。而湖山书苑未经恭王府管理中心许可就在媒体做广告，公然售卖恭王府管理中心的福字，是一种侵权行为。

湖山书苑的负责人说，自己公司是从事文化艺术礼品经营的，所售卖"福"字礼品是从一家名为东方名源的公司订的货，完全不知道它已经被注册了商标专用权。东方名源公司认为，在恭王府管理中心申请商标专用权以前福字就已经存在了，福字不是恭王府管理中心独创的，它是祖先留传下来的东西，应该归大众所有，恭王府管理中心不能独占，也不应该限制他人使用。而恭王府管理中心则认为，多年来他们为康熙所写的这个"福"字进行文化氛围的开发和营造做了很多工作，所以才有了今天这个"天下第一福"字不同于一般文字的局面，几代人付出了巨大的人力、精力、财力和物力，它不是一个简单的普通汉字，它有更丰富的内涵。

此案引发的思考是，恭王府中的"福"字作为文化遗产及一种公共文化资源，其产权是应该归全民所有还是归其所在地恭王府所有。如今，很多已经进入公共领域的文化遗产已经成了老百姓生活中的一部分，如果某个体或机构通过注册商标的形式把它独占起来，可能会有碍于文化遗产的传播和发扬光大。但是如果不作为特定知识产权保护，又似乎否定了文化遗产保管者在文化遗产的保护、传播、研究中的价值。如何正确处理这一矛盾，成为很多文化遗产在文创开发中面临的首要问题。该案中法院最终判定湖山书苑停止侵犯恭王府管理中心对该福字享有的商标权，但不承担赔偿责任。

第三节 文创权的演变历程

从法律发展史来看，产权是随着社会的发展而不断调整变化的。以土地所有权为例，当地下藏产资源被发现并被开采时，采矿权由此产生并与土地所有权分离。当土地利用不再局限在土地表面时，又产生了空间权。基于土地所有权国有的国情，我国将土地使用权分为经营权和承包经营权，可见现代物权是一个开放的体系，权利不断细化，不断有新的产权类型出现，这是社会分工和融合发展的必然结果。博物馆的馆藏资源作为公共文化资源，所有权和使用权相分离，并由资源创新使用产生新的权利类型，也是物权发展在文化领域的必然表现。

一、西方博物馆文创权的演变历程

西方最早的博物馆是公元前290年埃及亚历山大里亚港口城市建立的亚历山大博学园中的缪斯神庙，主要用于财富的保存。第一个近代意义上的博物馆是1682年向公众开放的英国阿什莫艺术与考古博物馆。当时博物

第二章 博物馆资源开发的产权概念界定

馆的主要功能是展览、教育和研究等公共服务。资料可查最早成立商店对藏品资源进行开发的博物馆是美国大都会艺术博物馆，秉承"鼓励和发展艺术在生产和日常生活中应用，推动艺术通识教育"❶的宗旨，自1871年成立之初就设立了博物馆商店，精心打造每一件商品，最大限度地复制和传播馆藏珍品。此后很长时间，直到20世纪六七十年代，博物馆文创开发都处于不被重视的状态，很多博物馆都没有柜台，主要销售便签、海报、印刷品、工艺复制品、书籍、绘画工具等，不能称为严格意义上的文创产品。

1973年，大英博物馆成立股份有限公司，主要负责文物复制品或纪念商品的批发及零售、出版、制造及授权业务。基于博物馆的典藏品，通过授权方式与许多制造商合作，制造复制品或纪念艺术品，从珠宝到日历、杯垫到颜料等。这不仅标志着文创产品开发的兴起，也标志着文创权作为一种权利可以进行转让。

20世纪80年代以后，随着国家财政对博物馆资助的减少，博物馆自身经营压力增加，新博物馆学开始兴起。加上博物馆的观众已经不满足于从柜台购买明信片和导览册（在欧洲很多中小型教堂里现在还维持着这种状况）❷，开发文创产品、开设博物馆商店成为大多数博物馆的必然选择。其中，维多利亚和艾尔伯特博物馆（以下简称"V&A"）董事会于1994年成立V&A有限公司，主要从事零售、颁发许可证、邮购、场地出租和出版业务。其中，零售业务由公司零售部负责，开设三个固定商店，销售商品不仅包括传统的文物复制品和画册，还包括大量根据博物馆藏品启发设

---

❶ 精英主导的纽约大都会博物馆［N］.东方早报，2011-10-26.
❷ 汤沐丽.艺术博物馆商店管理［D］.北京：中央美术学院，2010.

计的生活用品。颁发许可证业务主要是将 V&A 的优秀产品作为资源，在全球范围内寻找合伙人共同开发 V&A 品牌的产品，包括艺术印刷品、瓷器、床上用品、地毯、贺卡等。这标志着文创产品开发和文创权作为商品进行交易，成为西方博物馆常态化的经营模式。

如今在很多博物馆，文创权已经形成了一系列较为成熟的产权管理模式，包括完善的授权机制和收入分配机制，如大都会博物馆除了自己开发文创产品外，还形成了直接授权、委托授权相结合的多层综合授权模式。直接授权主要是针对博物馆的品牌授权，任何人都可以通过大都会博物馆的网站上列出的国际授权计划（International Licensing Program）申请授权。委托授权主要是博物馆藏品影像授权，自 2007 年起，大都会博物馆委托艺术资源（Art Resource）公司作为授权代理商，代理其在南非的授权业务。而对北美以外的影像授权则主要采用平台授权模式，委托法国国家博物馆联合会（RMN）代理其授权业务，RMN 与大都会博物馆按照约定的比例分配被授权者支付的权利金。目前大都会博物馆总计开发文创产品达 2 万多种，一年内所出售的文创产品销售额高达近 5 亿美元，占到了博物馆总收入的 80%。[1]

二、中国博物馆文创权的演变历程

中国第一家公共博物馆是 1905 年由张謇成立的南通博物苑，包括博物馆、植物园和动物园三个馆，收集中外动植物标本、乡里金石文物、先贤遗文等。1924 年，故宫博物院正式成立。此后，一批省、市博物馆纷纷

---

[1] 林炎旦.文创产业国际经典论述［M］.台北：师大书苑有限公司，2010.

成立。但一直到 2000 年以前，中国的博物馆作为公益类事业单位，并没有从事文创经营的意识和资格。许多博物馆设有售品部或纪念品商店，但都属于文物部门主管，与商业性质的文创商店性质不同。在博物馆周边或者博物馆院内有一些售品摊档，销售商品以饮料、小食品、低端复制品和旅游纪念品为主，这些旅游纪念品多是从小商品批发市场批发来的低档产品，千篇一律，与馆藏资源没有必然的关系，而一些粗制的仿制品也多依托博物馆品牌，价格奇高，都不能称为严格意义上的文创产品，文创权在这一时期还没有形成。

文创权的雏形最早出现在上海博物馆。1996 年，上海博物馆成立以企业形式独立核算的艺术品公司，要求公司 85% 的产品是原创，自设自产。产品最初主要消费定位是外宾的礼品，走高端路线，2008 年金融危机导致外宾消费下降，上海博物馆将消费目光转向国内，开始设计低端亲民的日用品，如抱枕、耳机等。这时的文创权已经出现，但归博物馆享有，还没有走向市场领域进行交易。

现代意义上中国的文创权起源于台北"故宫博物院"。台北"故宫博物院"于 20 世纪 60 年代开始做商品经营，最初只是对文物的简单复制，追求仿真，并不能称为严格意义上的文创。从 2000 年开始，台北"故宫博物院"向全球所有厂商征询创意，并通过与有实力的品牌合作开发文创产品，打开了文创产品开发的思路。2013 年台北"故宫博物院"的"朕知道了"纸胶带走红后，受台北"故宫博物院"的影响，故宫博物院转变原来博物馆商店的经营理念和经营模式，举办文创大赛，向全社会征集创意，开始进行文创开发。在借鉴外来成功模式的基础上，故宫博物院从一开始就成功运用文创权进行商业模式创新，与阿里巴巴、腾讯等平台展开

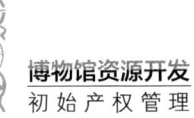

多层面的合作，通过藏品授权、品牌授权等方式进行文创开发，现代意义上的文创权正式形成。

但直到现在，文创权仍然依附在藏品的保管权上，并没有从所有权的"权利束"中分离出来。理所当然的一种认识是，藏品资源既然在博物馆，博物馆就拥有文创权，并在此基础上进行自行开发或授权。按照制度经济学的原理，产权规范的演进总体上分为两个阶段："先是把局外人排除在利用资源的强度之外，而后发明规章，限制局内人利用资源的强度。"❶ 目前文创权尚处于产权规范的第一阶段，即没有将资源利用主体明确下来，甚至很多地方还没有明确产权主体的意识。

第四节 文创权的概念阐释

一、文创权的概念界定

本书将利用国有博物馆藏品资源进行文化创意产品开发的权利定义为文创权。之所以这样定义，一是为了与国有博物馆藏品资源的其他开发利用权利进行区分，如利用藏品开展教育及科学研究、利用藏品进行文化传播与展示的权利；二是为了便于统一称呼国有博物馆藏品资源文创开发中所涉及的经营权、收益权、转让权等各种权利，假定设立国有博物馆藏品资源文创开发权，简称文创权。文创权在法律体系中并不是一个独立的产

---

❶ 道格拉斯·诺斯.经济史上的结构与变迁[M].陈郁，等译.北京：商务印书馆，1992：99.

权类型，本书也没有在目前法律体系中设立一种新产权的意图，只是为了表述方便提出这样一项产权。但是文创权也并不是一项新型的权利，实际上，在现实文创开发中也确实存在这样一种权利并发挥着作用，只不过被分散在知识产权、著作权、商标权等各项权利当中。为了研究国有博物馆藏品资源文创开发这一命题，本书将这些权利汇集到一起，统一表述为"文创权"。

《文物保护法》第五条规定："国有文物收藏单位以及其他国家机关、部队和国有企业、事业组织收藏和保管的文物，属于国家所有。"所以，国有博物馆藏品资源的所有者是国家，国家实现所有权的方式是由国家代表人国务院或国务院授权各级政府代表全体人民来行使。在我国现有的文物管理体制下，各级文物行政管理部门通过设立文物事业单位对国有文物进行保管、保护和利用。也就是说，各级文物行政部门（国家文物局、各地文物局）行使监督管理权，文物事业单位（博物馆或文物保护单位）行使国家文物的利用权。由此可见，国有博物馆藏品的所有人和实际利用人存在着天然分离。在这一基础上，国有博物馆的藏品作为资源性国有财产，对其进行文化创意产品开发利用的权利本来就是可以与藏品所有权分开而单独存在的。文创权是指非藏品所有人利用国有博物馆的藏品资源进行文化创意产品开发的权利，是以对国有博物馆藏品资源开发权的占有、使用、让渡、收益为基础来实现的。这一概念有三层含义：①文创权是建立在所有权和经营权分离的基础上的，与藏品资源所有者没有必然关系。②文创权主体享有独立的藏品资源开发权，这种权利是排他性的，由开发权产生的收益归文创权主体拥有，文创权主体可以对文创权进行转移和让渡。这一点与藏品资源本身作为公共文化资源的非排他性有着本质的区别。③文创权包括初始分配权和文创经营权。由于国家博物馆藏品资源归国家所有,所以初始分配权属于国家,国家有权利选择将文创权分配给哪个主体,以什么方式进行分配。而文创经营权则归文创开发经营主体所有,属于产权的再分配。

二、文创权的产权主体

确定文创权的权利主体是市场开发与利用的前提和基础。对公有文化资源而言,只有确认了产权主体,才能明确交易的主体,即谁有资格进行授权。博物馆馆藏的文创开发多是基于藏品的数字化高清图像,即藏品的数字化版权。尽管博物馆将馆藏文物的数字化图像版权理所当然地认为是自身所有之物,但实际上,数字化版权的归属界定仍需要从多个方面综合考虑,使版权归属既具有合理合法性,又能够最大限度地发挥其作为文化资源和文化资本的价值。

关于藏品的数字化版权,最早还得从复制品有没有著作权这一问题谈起。如临摹作品,即使模仿的和原作一模一样,临摹作者也不享有著作权。这类临摹在英美的法律话语中有个专门的词,叫"slavish copy","slavish"的意思是"奴隶",即毫无主见的仿作,每一笔画、每一墨点都原原本本照实模仿。这类作品由于缺乏原创性,因此不具备申请知识产权的资格。如大芬村的画师模仿梵·高(Van Gogh)的《向日葵》到了几可乱真的程度,每一幅画都要付出大量的心血和时间完成,在完成画作时形成了自己独特的技法,但是要给他的仿作申请著作权是不可能的,因为他所做的是slavish copy,没有原创性,《向日葵》还是梵·高的《向日葵》,

不是大芬村画师的《向日葵》。那么画师的临摹是不是侵犯了梵·高的版权呢？并没有，因为根据国际通行的版权法，画作和著作的原作者死亡50年之后，该作品就将进入所谓的"公有领域"，之前的50年是为了保障创作者家属与后人的一定权益，但一旦进入公有领域，任何人都不再对这件作品具有专属权利，算是进入人类共有的知识文化宝库了。所以大芬村画师不但可以画《向日葵》，还可以拿去卖钱。因为梵·高已经在1890年去世了，50年的著作权保护期已过，其作品是人类公有文化资源。

数字化版权是在相机出现之后产生的，有了相机之后，任何人只要对着博物馆藏品拍照，就可以产生归自己所有的数字化图像，这比仿制和临摹要轻松快捷得多。博物馆对此事的态度一开始是排斥的，如很多博物馆规定禁止拍照，还有一些博物馆虽然允许拍照，但不允许使用三脚架，为的是不让游客拍出质量能与自家档案比肩的优质照片。对于闪光灯，至今世界各地几乎所有博物馆仍是禁绝的，因为闪光灯确实会损坏画作文物。然而随着社交媒体的发展和手机拍照功能的完善，人人都可以随时拍照片并上传社交媒体，博物馆逐渐意识到，禁止拍照并不能防止藏品被偷拍，而且博物馆自身为了增加客流量会举办各种特展，因此不得不将图片放在网上进行宣传。与其像防贼一样防着所有博物馆参观者，倒不如放开禁止拍照的规定，让参观者拍照并将作品上传到各种社交媒体上，不仅方便了参观者，也起到了对博物馆的宣传作用。于是博物馆转变了对公众拍照的态度，很多博物馆甚至还为参观者划出最佳拍照角度。

由此产生了很多质量参差不齐的藏品图片流传在各类社交网络上，去芜存菁后总会有部分高清晰度、高质量的照片，通过搜索引擎就可以搜到并下载，这样一来，博物馆对藏品的版权控制就明显被削弱了。以往，如果书中

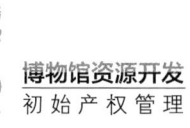

需要某幅世界名画作为插图，出版方需要从博物馆处通过授权获得高质量的图片，现在可以直接从网上下载，博物馆靠授权获得的收入连年减少。

那么，由此产生的问题是，博物馆是否可以通过版权来维护自己的经济利益，比如，博物馆是否可以将在网络上散播高质量图片的人诉诸法律，从而实现对画作网络传播的垄断呢？这个问题在不同国家有不同的解答。

在美国，司法系统遵循判例，而关于复制影像版权的边界问题，1999年出现了布里吉曼艺术图书馆公司（以下简称"布里吉曼"）控告科瑞尔公司（以下简称"科瑞尔"）一案。1998年，布里吉曼将位于加拿大渥太华的科瑞尔以侵权的罪名告上法庭，事情的缘由是，布里吉曼将众多博物馆所拥有的、已经进入公有领域的画作制成幻灯片，并通过销售这些幻灯片来盈利，科瑞尔作为一家专攻图像处理的IT公司，推出了一套包含7张光盘的"科瑞尔专业照片大师"软件，其中包含了700张欧洲大师的画作，这当中有120张是布里吉曼也曾经用于制作幻灯片的。布里吉曼将科瑞尔告上法庭，认为自己是市场上唯一获得授权许可复制这些图片的，因此认定科瑞尔窃取了布里吉曼的图片版权。在审理中，法官路易斯·凯普兰（Lewis Kaplan）认为，利用进入公有领域的画作制成的幻灯片并不具备获得版权的资格，因为其中并不包含原创性，布里吉曼的图像处理属于临摹，无论形式上采用的是幻灯片还是照片，其内容并没有创新，因此不能受到《著作权法》保护，原告布里吉曼的诉求被驳回。路易斯·凯普兰法官认为，如果法庭不要求原告陈述清楚原作与复制品之间的真正差别在哪，那么以后任何个人都可以通过这样的手段垄断公有领域艺术作品的版权，这样一来，将极不利于艺术传播。

布里吉曼诉科瑞尔一案虽然不直接涉及博物馆，但对该行业的影响却极为深远。之后，任何博物馆想通过垄断进入公有领域藏品的数字化版权都是徒劳的，除非他们压根不把藏品展示出来。博物馆与其他公司一样，在文创产品开发方面是处于同一起跑线的，不存在授权给其他公司的问题。我们看到美国大型艺术馆、博物馆商店中的书签、丝巾、餐盘等文创产品，只是博物馆近水楼台先得月，但实际上，博物馆并不能对藏品的数字版权进行垄断。也因此，很多国家放开了进入公有领域藏品的数字化版权，如很多博物馆加入了 Creative Commons Zero（简称CC0，无权利保留协议）开放版权协议，在网站上增加开发获取的板块，供网民随意下载，而且一般不要求使用者注明图像来源。大都会博物馆数码部门主任洛伊克·塔轮（Loik Talen）认为，"我们博物馆正在用心探索在数码时代敞开大门意味着什么，确保让全世界的观众都能接触到大都会博物馆，尽力减少世人与激发他们灵感的艺术品之间的隔阂，这是我们的全球目标"❶。

而英国则在布里吉曼诉科瑞尔一案后走向了与美国完全相反的道路。该案发生之后，非营利组织博物馆版权团体（Museums Copyright Group）就雇用了一名著名的版权法律师撰文，指出该案判决结果在英国没有法律约束力，并提醒广大博物馆在授权使用数码图片时要保护好自己的权益，确保这些影像不外流，并加强对数码领域相关知识产权法律的学习。

2017年11月，28名英国学者与博物馆界的教授、专家联名上书，要求英国国有博物馆取消授权费等各类费用，指出公有领域的画作不具备专属版权，收费既不合理，又会造成程序上的混乱。但迄今为止，大英博物馆仍对其图像版权收取授权费，理由是博物馆在拍摄藏品高清图像时对摄

---

❶ 沈辛成.数码时代"敞开大门"的博物馆[N], 文汇报, 2019-05-17.

像设备和技术要求极高,在创作过程中付出了大量的辛苦和努力,因此图像虽然是复制本,但仍是出版物。

而在中国,很多人对博物馆是否享有藏品数字化版权仍然处于模糊认知的状态。在传统观念里,文创权的产权主体似乎天然就应该是博物馆,现实中博物馆也经常将藏品资源开发权授权给某社会企业并收取授权金。实际上,作为藏品资源的保管方,博物馆虽然有利用藏品资源进行开发的天然优势,但并不代表博物馆就一定是文创权的合法主体。实际上,法律并没有对文创权的归属进行明确的规定。按照《文物保护法》的分类,国有博物馆属于文物收藏单位,代表国家对文物进行收藏、保管,拥有对国家文物的管理权。对于"馆藏文物",《文物保护法》第四章规定,博物馆等文物收藏单位享有管理权、征集权、保管权、举办展览及科学研究等宣传教育利用权,没有赠予、出租、出售等处置权。《博物馆条例》第二条规定,博物馆是指"以教育、研究和欣赏为目的,收藏、保护并向公众展示人类活动和自然环境等见证物,经登记管理机关依法登记的非营利组织"。作为非营利组织,博物馆的功能并没有利用藏品进行文化创意产品开发这一项。《博物馆条例》第三十四条:"国家鼓励博物馆挖掘藏品内涵,与文化创意、旅游等产业相结合,开发衍生产品,增强博物馆发展能力。"这条规定可以理解为,博物馆可以作为文创权的主体,但并不代表博物馆是文创权的唯一主体。从资源利用的效率与公平角度来看,将博物馆作为文创权唯一主体是不符合公共文化资源利用的基本效率和公平原则的。

从理论上讲,文创权的权利主体是依法对文创产品开发这一行为享受权利和承担义务的所有自然人、法人和其他组织,主要是指文创产品开发权的使用者。文创权的产权主体是指通过正当方式取得利用国有博物馆藏品资源进行文创开发权利的所有个体和法人。包括取得博物馆图像授权进行文创产品开发的企业、通过征集方式参与某藏品文创设计的个人及文创产品开发链各环节的设计方、制造方、零售方、经营方、广告方等。文创权的取得方式有授权、招投标、产权交易、委托—代理等。

三、文创权的产权客体

文创权客体是指被开发的对象，往往并不是博物馆馆藏资源本身，而是资源的数字化版权，以及从数字化版权中提炼出的纹饰、图案、文化元素、历史故事等。博物馆的馆藏资源有很多，1974年国际博物馆协会将其定义为"人类和人类环境的见证物"（Material Evidence of People and Their Environment）。中国《博物馆藏品管理办法》中提出："博物馆藏品是国家宝贵的科学、文化财富，是博物馆业务活动的物质基础。"宋向光将博物馆藏品定义为"博物馆根据收藏标准和履行特定工作程序收藏、管理的人类和人类环境的物证"[1]。作为人类和人类环境物证的博物馆藏品包括如下几个方面：①博物馆收藏的文物、标本。这些实物记录着人类的物质文明、精神文明、艺术水准，或者见证着人类某一时期重要的历史事件、著名人物。包括博物馆收藏的玉石器、陶器、瓷器、铜器、铁器、金银器、漆器、雕塑、石刻砖瓦、书法绘画、古砚、甲骨、玺印符牌、钱币、牙骨角器、竹木雕、家具、珐琅、织绣、古籍善本、碑帖拓本、武器、邮品、名人遗物等。②存储人类文明信息的物质载体。人类生活中的很多事实很

---

[1] 宋向光.博物馆藏品概念的思考[J].中国博物馆，1996（2）：17-24.

难以物质形态保存下来，如社会礼仪风俗、人际关系、艺术舞蹈、歌曲戏剧、历史事件等，通过照片、光盘、影像资料、各种文书、文件、检测报告等可以记录这些事件或艺术，这些物质本身不具备特殊性，但其承载的信息资料是了解特定地域和历史的宝贵资料。

但并不是所有藏品的数字化版权都是文创权的客体，只有那些能够与现代人产生情感连接、具备市场开发潜力的藏品的数字化版权才具有文创开发的价值。在这方面，很多博物馆存在理念上的误区，将本馆所拥有的文物资源的丰富程度和藏品的珍贵程度作为发展文创产业的潜在优势和重要指标。如中部某省级博物馆突出强调其馆藏文物26万余件，一级文物近千件。然而，藏品数量的多少与博物馆文化创意产业的发展没有必然的关系，藏品级别高低反映的是藏品的珍贵程度和历史文化、科技艺术等遗产价值，与依据本藏品开发的文创产品能不能受到市场欢迎是两码事。很多博物馆以藏品遗产价值的高低作为文创开发对象的思路实际上是狭隘的，无形中限制了博物馆文化创意的来源和文创开发的范围，难以系统地表示出博物馆藏品所代表的文化体系和文化特征。另外，多数博物馆将文创开发客体理解为藏品本身的造型、纹饰图案、色彩搭配等表面元素，对藏品所蕴含的深层文化价值挖掘不够深入，造成博物馆开发的文创产品停留在将藏品图案简单复制到钥匙扣、水杯、笔记本、T恤衫上，不仅传递的信息非常支离破碎和表面化，也使各个博物馆的文创产品大同小异，同质化现象比较严重，所开发的博物馆文创产品的文化意义大打折扣。

文创权客体并不等同于博物馆授权客体。博物馆文创授权的对象更为宽泛，除了藏品的数字化高清图像，还包括博物馆注册的商标和博物馆品牌。博物馆品牌授权包括对博物馆名称、相关标记、符号或图案等载体的无形资产进行授权。如台北"故宫博物院"以清康熙帝真迹设计的"朕知道了"纸胶带、故宫口红系列，以及利用博物馆的社会知名度和文化效应与被授权方达成品牌合作，再如故宫博物院与华为签署战略合作协议共同打造"5G智慧故宫"，与小米集团品牌联名合作小米MIX3手机。品牌是博物馆以及其传播的文化在社会公众的意识中占据一定位置的综合反映，是文化精神价值与经济价值的双重凝聚，其独特的个性除了与普通商业品牌具有同质性外，还具有意识形态属性，更注重品格与个性色彩，强调感情投入和精神因素，具有垄断性和唯一性❶。如故宫博物院宣传营销的"反差萌"品牌形象。商标授权是可用于博物馆对外授权的商标专有权，包括博物馆自身商标和馆藏资源商标两类。无论哪种商标，均需在国家知识产权局商标局申请商标注册，成为"注册商标"后才能行使商标专有权。截至2017年6月6日，我国国家一级博物馆（129家）在中国商标网上注册商标2752种，商标种类264种。注册商标数量排名前三的博物馆是中国国家博物馆、故宫博物院、陕西历史博物馆，数量分别是573个、288个、180个，注册商标种类分别是20种、8种、9种。具体如表2-1所示。

表2-1　中国一级博物馆注册商标情况排名❷

序号	名称	省市	注册商标数量	注册商标种类
1	中国国家博物馆	北京	573	20
2	故宫博物院	北京	288	8
3	陕西历史博物馆	陕西	180	9
4	敦煌研究院	甘肃	170	29

❶ 刘文俭.城市文化品牌建设对策研究[J].城市，2009（1）：71-75.
❷ 陈淑卿.国家一级博物馆商标注册情况初步分析[J].博物院，2018（1）：55-65.

续表

序号	名称	省市	注册商标数量	注册商标种类
5	河南博物院	河南	148	12
6	西安半坡博物馆	陕西	125	9
7	武汉市中山舰博物馆	湖北	125	5

注：129家一级博物馆中有57家未注册商标。

综上，博物馆授权客体包括图像授权、品牌授权和商标授权，而文创权仅是其中的图像授权部分。

四、文创权的权利内容

由于文创权是从藏品资源所有权中衍生出来的产权，因此权利的内容可以分为藏品资源所有者保留的产权和文创开发者获得的产权两部分。资源所有者保留的权利包括资源的最终所有权、初始分配权和部分开发收益权。其中，最终所有权是指只有产权所有者有权决定资源的最终处置、抵押、流转、允许不允许进行开发、开发的原则和标准制定；初始分配权是指资源所有者有权决定由谁对藏品资源进行开发，是所有权出让方向资源使用方进行第一次权利让渡时的权利；部分开发收益权是所有者利用所有者权能收取一定的经济利益，如股东收取的分红。

文创开发者享有的权利也是必须保障的重要权利，具体包括以下几种。

（1）自主经营权。文创权的主体在取得对博物馆藏品资源的开发资格后，有按照自己的意志自主选择经营方式和行为的权利，无须听命于国家文物所有人及其代表对开发经营行为的指挥。在文创权主体不违背法律和合约的情况下，文物所有权主体无权干涉文创权人以何种方式开发等具体经营行为。自主经营权是文创权的核心。长期以来，我国文化体制内对文物"管理式经营"的模式有可能造成文物所有权人，包括国家和政府以维护文物安全和意识形态的名义对文物的文创开发进行过度干预，影响文创权的自主经营。可以通过合同约定的方式事先约定好文创权主体在开发经营中应承担的义务和开发注意事项，并规定所有权人和文创权人各自的权利边界及基本权利义务，将各自的行为纳入法定的轨道，避免冲突的发生。

（2）开发收益权。是指文创权主体获取文创经营所取得的合法利益的权利。按照约翰·洛克（John Locke）的"劳动论"，文创权主体在文创开发中付出了一定的人力、物力、财力，并通过人类智慧创造出了新的价值，因此有权利享受新增价值带来的收益。传统物权理论认为所有权决定收益权，这种理论在这里不起作用，为此，一些学者提出原有财产的所有权不应是确认和分配新的财产收益的唯一依据，"利用物权可以成为确认非所有人对新增财产利益所拥有所有权的依据"。[1]在文创开发中，虽然开发行为以博物馆藏品为原型，但却是与藏品资源相分离而独立存在的，开发行为并不会对藏品本身产生什么影响。所以文创开发所创造的经济价值应该属于价值创造者本人，藏品资源所有人可以通过授权获得收益，但文创权人的收益同样应该得到保障，不然有违资源配置的公平性原则，也不利于文创主体行为积极性的调动。

（3）资产处分权。是指文创权所有人对文创权最终处理的权利，包括资产的转让出售、文创权的转移让渡、抵押贷款等。这里处分权的处分对

---

[1] 孟勤国.物权二元结构论［M］.北京：人民法院出版社，2004：133.

象是国有博物馆藏品文创开发权，而不是藏品资源本身。对于藏品资源，《博物馆条例》第四十条明确规定："博物馆从事文物藏品的商业经营活动的，由工商管理部门依照有关文物保护法律、行政法规的规定处罚。对非文物藏品对商业经营活动，也将责令改正并处以罚款。"

综上，文创权是基于博物馆藏品资源开发而衍生出来的产权，设立的前提是藏品资源所有权与经营权分离。文创权是一束权利的集合，具体如图 2-2 所示。在藏品资源所有权归国家所有的情况下，围绕藏品资源进行文创开发这一活动形成了人与人之间的关系组合，包括开发过程中涉及的藏品资源使用权、资源使用的让渡权和因藏品资源使用而产生的收益处置权。文创权的主体不限于博物馆，所有的企业、个人也都可以称为开发主体。文创权的客体是博物馆的藏品资源。文创权并不是一种全新的权利类型，它散落在现有法律体系里关于用益物权、著作权、专利权、商标权等各种权利关于博物馆藏品文创开发的法律文件中。在整个法律权利体系中，文创权属于用益物权中因物的使用而产生的占有权、使用权和收益权，具有财产权和知识产权的双重属性。

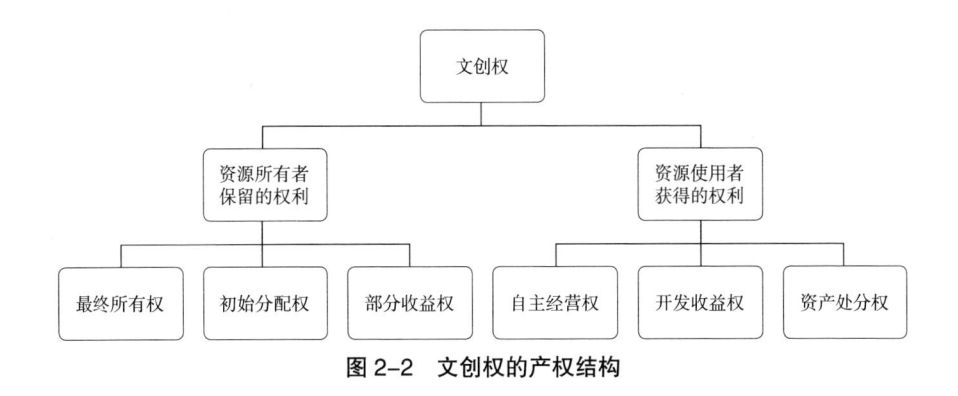

图 2-2 文创权的产权结构

CHAPTER THREE

第三章

博物馆资源开发的产权初始分配

排污权交易最早起源于美国，针对工业污染物排放将会污染环境的问题，政府部门确定出一定区域的环境质量目标，并据此评估该区域的环境容量，推算出污染物的最大允许排放量，并将最大允许排放量分割成若干规定的排放量，即若干排污权。政府可以选择不同的方式分配这些权利，并通过建立排污权交易市场使这种权利能够买卖合法化。以碳排放权为例，某个用能单位每年能够获得的碳排放限额假如为1万吨，如果这个单位通过技术改造、减少污染排放，每年碳排放量为8千吨，那么多余的2千吨碳排放权就可以通过交易出售。问题的关键在于政府如何确定初始排放权的总额，以及通过何种方式对初始排污权进行分配。初始排放指标限制过严，可能会影响当地经济发展，反之，不仅破坏环境，还会影响经济的长期发展。选择何种方式对排污权进行分配，免费限额发放还是让企业通过招投标方式取得，免费限额则可能导致政府因不了解市场情况造成资源分配不公，公开招投标则要看投标人的参与积极性。文创权也同样面临初始分配的问题。

第三章　博物馆资源开发的产权初始分配

第一节　产权初始分配的相关理论

文创权是一种利用公共文化资源产生社会效益和经济效益的权利，文创权的所有者能否将文创权分配给合适的市场主体使用，关系到博物馆文化创意产品能否更好发挥在文化传承创新及创造经济价值方面的作用，因此文创权分配方式的选择特别重要。按照卡尔·马克思（Karl Marx）在1857年经济学手稿中的提法，现代社会的资源配置方式有三种：伦理配置、政府配置和市场配置，结合博物馆藏品文创开发的实际情况，文创权的分配方式有政府分配和市场分配两种。目前国内博物馆藏品开发权主要采用政府分配方式，即政府直接将文创权委托给某一开发主体，而国外一些博物馆则开始尝试利用市场方式对文创权进行分配。

一、产权初始分配经典理论

产权初始分配问题最早由罗纳德·哈里·科斯在《社会成本问题》一文中提出，罗纳德·哈里·科斯将其定义为"合法权利的初始界定"[1]。以罗纳德·哈里·科斯在《社会成本问题》中提到的"斯特奇斯诉布里奇曼案"为例，某糖果制造商在生产中使用两个研钵和杵（一个在该地已经使用了60多年，另一个则使用了26年）。不久，某医生迁居邻近房屋内。

---

[1] COASE R H. The Problem of Social Cost [J]. Law Econ, 1960（10）: 3.

在前8年，糖果制造商使用的机器并没有对医生造成损害，但此后医生在花园尽头紧挨糖果制造商炉灶处建造了一间诊所，"他发现糖果制造商的机器发出的噪声和震动使他难以使用新诊所，尤其是噪声妨碍他用听诊器检查病人的肺部疾病。他还发现在此不可能进行任何需要思考和集中精力的工作"。医生便提出诉讼，要求糖果制造商停止使用机器。法院判决医生胜诉，禁止糖果制造商使用机器。在此案例中，实际上涉及了权利的初始分配问题，即究竟应该赋予糖果制造商使用机器生产糖果的权利，还是赋予医生为病人治病的权利。如果法院判定医生有诊断治病的权利，则糖果制造商需要支付给医生赔偿金以弥补医生的损失，或者转变生产方式、迁出该地区以便能够继续生产。而如果法院判定糖果商有使用机器生产的权利，则医生将不得不付钱给制造商以求他停止使用机器。法院在这里判定的不是由谁做什么，而是谁有权做什么，是医生有权避免噪声，还是糖果制造商有权生产糖果，法院的判定直接影响到医生和糖果制造商之间的利益调整，这就是合法权利的初始界定，即产权的初始分配。产权的初始界定会对经济制度的运行效率产生影响，一种权利的调整可能会比其他安排产生更多的产值，也可能会降低整个社会的生产效率。

博物馆藏品文创开发中的初始分配，是指利用藏品进行文创开发的权利如何在市场主体之间分配。如果将藏品开发的权利赋予藏品所在博物馆，则其他主体需要通过博物馆的授权才能使用藏品文创权，而如果将藏品开发的权利赋予全体人民，则任何人都可以免费使用藏品文创权，不需要经过任何部门的授权。初始分配的主体则是藏品所有者，一般是代表人民行使所有权的政府主管部门——国家文物部门。文创权的初始分配将从宏观上决定博物馆藏品文创开发的利益格局及运行效率。

二、产权初始分配方式选择

关于产权初始分配的方式,罗纳德·哈里·科斯在1937年发表的《企业的性质》中提到了市场方式和行政方式两种,究竟应该采用哪种方式进行分配,判断的依据是交易成本。市场分配方式中,生产要素在不同主体之间的分配是由价格机制决定的,如果要素A的价格在X处比在Y处高,则A就会从X流向Y,直到X和Y之间的价格差消失为止。但在现实中,要素A的流动还要受到收集信息、传递信息、讨价还价、签订合同、执行合同、监督合同等交易成本的影响,如果交易成本高于要素流动带来的收益,则生产要素就不会流动。企业也由此产生,企业将不同要素组合起来,省去了市场交易的成本。而政府更像是一个超级企业,政府通过直接管制,建立起一套行为规则和法律制度,强制性地规定人们必须做什么或不得做什么,则可以省去大量的交易成本。但政府分配方式也存在维护行政机构运行、决策失误等成本,如果行政成本过高,市场分配方式通常又会代替行政分配方式。因此很难说哪种方式更优越。

本书对产权初始分配方式的选择,并不局限于交易成本的角度。回溯产权形成的本源,一项新权利的产生,必然伴随着对这项权利的分配问题。产权可以在任何情况下产生,如唯一会爬树的人可能获得拥有椰子的权利,由于掌握了捕鱼技能获得捕鱼的权利,美女因为漂亮获得在拥挤的公交车上被让座位的权利。但爬树的人不能砍倒椰子树,捕鱼的人可能会被他人限制不能捕鱼,美女可能会被他人拽离座位,所以只有当权利被他人尊重或认同的时候,产权才能成立。而权利认同的方式,

必须是所有人都能够接受的。卡尔·马克思在1857年的经济学手稿中，将资源分配方式划分为伦理配置、政府配置和市场配置。伦理配置主要适用于传统农业社会，通过宗教信仰、宗法伦理、社会习俗对资源进行分配，现代社会常用的分配方式是政府配置和市场配置。产权作为一种无形资源，常用的分配方式也是政府配置和市场配置。

产权分配方式的调整可以带来社会整体效率的提升。如农村土地使用权的改革，在土地所有权归国家所有的情况下，不改变所有权归属，将农村土地产权分割为使用权、收益权和处分权，其中使用权进一步细化为农村土地经营权和土地承包经营权，允许经营权在不同产权主体之间进行交易和流转，并可以用经营权进行贷款抵押。实际上是产权分配方式从传统的完全政府分配中加入了市场分配因素，将虚化的产权主体（国家）具象为个体农户，建立起了有效的激励约束机制，激发了农户的生产积极性，从而极大提高了农村土地的使用效率。本书将对市场和行政两种产权分配方式及其在文创权分配中的运用进行分析对比。

第二节　产权初始分配的市场方式

一、市场分配方式的运行逻辑

古典经济学中，市场对资源进行配置有三个前提假设。一是理性人假设，假定参与市场行为的个体都是自利的理性人，所有的行为目的都是追求自身利益最大化。二是完全竞争假设，买卖双方市场地位平等，生产者提供同质量的产品，资源可以自由流动，市场主体充分掌握市场信息。三是产权清晰假设，每种产品的所有权是明确的，可以自由进行市场交易，个人财产权和收益神圣不可侵犯。

在这样的前提下，市场通过价格传递信息，对需求和供给进行调整，达到供需平衡。假定商品 Z 在市场上的供需平衡用图 3-1 来表示，随着商品的生产，供给曲线 S 从左到右逐渐上升，即随着价格 P 的上升，该产品的生产对生产厂商越来越有吸引力，会有越来越多的商品 Z 被生产出来。而需求曲线 D 则从左到右逐渐下降，即商品价格的上升，会导致市场对该产品的需求越来越少。S 和 D 相交叉的点价格为 P^e，表示当价格在 P^e 时，会有 Z^e 单位数量的产品被生产出来而且被购买，达到市场均衡的状态。当产品的价格上升到 P^h 时，会有更多的产品 Z_s^h 被生产出来，但市场对产品的需求则下降到 Z_d^h，此时有 $Z_s^h - Z_d^h$ 的产品处于市场剩余状态，供给大于需求导致此时的市场价格不是 P^h，也不是 P^e，而是比二者都要低的 P^v。当价格降低到 P^v 以后，一些生产厂商因竞争被淘汰，供给数量下降，之后更多的商品需求就产生了，市场重新回到供需平衡状态。同理，当价格降低到 P^l 点时，市场需求量为 Z_d^l，而供给量为 Z_s^l，就会出现市场短缺，这种短缺会促使价格上升，从而会有更多厂商投入该商品的生产，最终使价格再次回到 P^e。

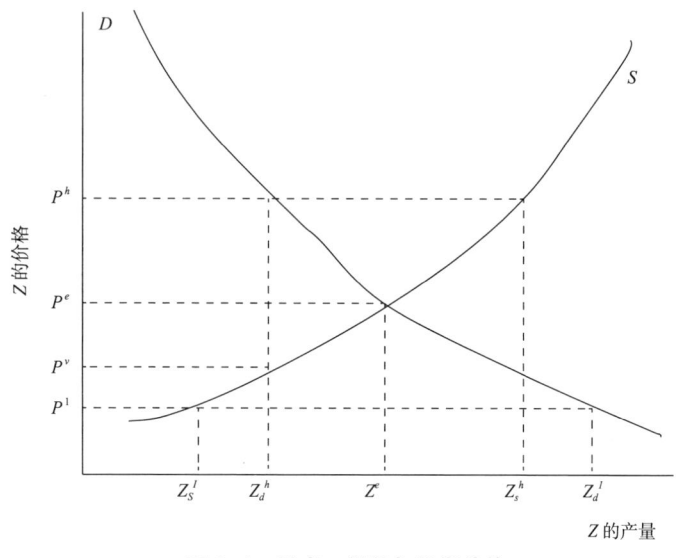

图 3-1　需求、供给与均衡价格

价格是市场进行资源配置的核心方式，围绕价格的波动，市场资源配置方式形成了一系列完备的运行机制。

首先是决策机制。市场条件下决策的主体是分散的各个经济主体，决策的依据是各自的利益需求，各个经济主体根据价格所反映出的信号不断调整自己的市场行为，决定投资的方向，分享投资成功所得的利益，并承担投资和经营失败所带来的风险和损失，形成"价格—竞争—供求—价格"这样一种互相结合、互相制约的循环过程，自觉优化资源配置方向。

其次是动力机制。市场条件下各行为主体参与市场活动的原动力是经济利益。在经济利益的推动和诱导下，市场机制制约着各市场行为参与者的经济行为，促使参与者按照市场运行的规律和特点采取不同的行为，或进行生产扩张，或自我收缩，进入或退出某市场领域，通过价格传递出的市场信号，参与主体自动实现微观活动的自我平衡。

再次是信息机制。市场资源配置的信息传递方式是横向的，价格传递出的市场信号，从生产商到供应商再到消费者是一个闭路循环，某一个环节的信息可以同时扩散给其上下各个环节的参与者，参与者接收信息的灵敏程度决定了其市场行为的灵敏度和最终的经济利益，所以信息传递效率很高，失真的可能性较小。

最后是维护机制。市场对资源进行配置，其维护手段是法律和契约。各行为主体的行为底线是法律体系，包括民法、商法、经济法、国际法等相关法律规定，不得超过法律规定的活动范围。各行为主体之间的活动则可以通过契约来相互约束。契约精神是市场经济的精神实质。

在市场机制的支配下，价格、供求和竞争相互作用，共同形成一种支配市场自动运行的机制，只要发挥市场自身机制的作用，短期内能够使价格反映出市场的供需信息，通过价格调节保持市场供需平衡。长期内能够通过竞争法则和优胜劣汰使资源从低收益领域流向高收益领域，提高资源利用效率，最终使整个社会的福利不断增加。

二、市场分配方式的优劣分析

（一）市场分配方式的优点

世界银行1991年的发展报告中指出："人类到现在为止发现的最高效的调配资源的方式就是市场。"❶ 市场分配方式的优势主要表现在以下几个方面。①降低交易成本。市场机制具有较高的信息传递效率，能够迅速对市场

---

❶ 世界银行.1991年世界发展报告[R].北京：中国财政经济出版社，1992：1.

变化做出反应，可以节省在交易过程中各种谈判、广告、合约执行监督的费用。②自动优化资源配置。市场主体会根据市场信息主动寻求发展潜力大、经济回报高的行业和领域，从而使资金、技术和人才等资源从效能低的领域流向效能较高的领域，更大限度地发挥资源的价值。③促进社会创新。企业为了追求利益最大化，必须使自己具有核心竞争力，而核心竞争力的取得有两个渠道：一个是技术创新，降低产品的生产成本，提高生产质量，从而在同类产品中取得市场优势；另一个是开辟新的市场领域，提供其他企业不能提供的新产品。这两种渠道的最终结果是整个社会的创新发展。④产生资本的能力强。分散决策机制使各经济主体有充分的决策权，能够发挥主动性自觉寻找更多的资本投入经济生产中，创新资本利用的方式和手段，提高资本利用效率。

（二）市场分配方式的缺点

市场分配方式的主要缺点就是市场失灵，即市场在某些领域会导致资源不能得到有效配置或者配置无效率。主要表现在以下几个方面。①时滞性问题。由于市场需求是瞬息万变的，供给弹性永远小于需求弹性，生产者可能错误地根据已过时的价格信息决定当前的生产量，造成供需错位，这就是著名的"蜘蛛网原理"（Cobweb Theorem）。这种情况在生产周期较长的领域表现尤为明显。②外部性问题。市场无法处理经济行为的外部性问题，即当某些经济活动导致其他人受益或受损，而成本没有计入生产者的经济活动过程中时，市场机制对资源的有效配置可能在一定程度上受到破坏。③垄断问题。市场对资源进行配置的前提是价格能够有效反映市场信息，而一旦出现垄断，价格将会受到垄断者的人为控制，市场的正常运行状态会被打乱，妨碍对资源的有效配置。④逆向选择与道德风险。完全竞争市场只存在于理想状态，现实中交易双方对信息的掌握程度不同，掌握信息多的一方就占据了信息优势，对掌握信息少的一方进行欺诈，从而导致市场上劣质产品比优质商品有竞争优势，出现"劣币驱逐良币"的现象。⑤收入分配不公平。市场遵循的是效率原则，而每个人由于能力不同，对资源的掌握程度、社会地位、收入、生活状况等也就不同，如果完全按照效率的标准进行资源配置，有可能出现富人越富、穷人越穷的"马太效应"。

三、市场分配方式的文创实践

在国有博物馆的文创产品开发领域，市场对资源配置的方式遵循市场机制的基本规律。对文创产品开发而言，市场的运行取决于可供开发的藏品资源数量、文创产品数量、文创产品价格、文创产品市场需求四个因素。从藏品资源数量来看，目前还有大量的藏品资源处于没有被开发的闲置状态，加上博物馆每年都从海内外征集优秀文明成果补充藏品资源，也不断有新的文明成果被创造出来，所以藏品资源数量一直处于上升状态，为文创开发提供源源不断的原始供给，不必考虑资源枯竭的问题。因此，可以从文创产品开发数量、市场价格、市场需求三个维度建立坐标图。

在图3-2中，假定文创产品的供给线S是一条从左到右不断上升的曲线，随着供给的增加，文创产品的市场需求D则呈不断下降的趋势。当价格在P^l时，开发C^l数量的文创产品就能够达到市场均衡状态。但是随着整个社会文化需求和审美需求的提升，市场对文创产品的需求从D提

升到了 D^1，意味着 C^1 数量的文创产品已经不能满足市场需求，市场出现 C^2-C^1 的短缺状态，供给小于需求，价格上升，引发更多的生产厂商进入文创开发领域，当生产出 C^2 数量的文创产品时，整个社会将重新进入市场均衡状态。但是如果有更多的厂商进入文创领域，生产出 C^3 数量的文创产品时，市场的边际效应就会发挥作用，有 C^3-C^2 的市场剩余出现，此时文创产品的价格并不是生产者所期望的 P^3，而是比市场均衡状态 P^2 更低的 P^4，价格的降低导致一些生产厂商产品积压，无利可图，不得不退出文创开发领域转入其他领域，生产数量开始减少。在供给数量减少和价格降低两个因素的共同作用下，市场需求又开始上升，价格回升，最终达到新的市场均衡状态。

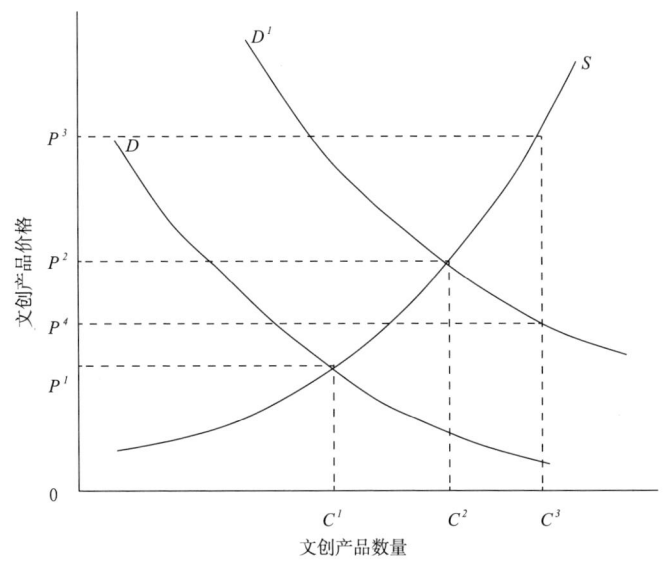

图 3-2 文创开发的数量、市场价格与市场均衡

市场机制对国有博物馆文创权的分配主要通过以下途径展开。

一是价格。价格是市场最直接的资源配置方式，在文博领域也不例外。

当某一文创产品价格上升时，意味着这一产品的市场受欢迎程度高，会引发更多的生产厂商从事该产品的生产或者扩大产品生产规模。而当价格下降时，意味着该产品并不适销对路或者市场处于相对饱和状态，厂家会限制该产品的生产或者退出该领域，将资本投向利用效率更高的行业或产品。

二是收入。当从事文创产品开发与经营的人收入提高时，表示该领域的投入产出比较高，受到经济利益的诱导，人们从事文创产品开发的积极性将会被充分调动，也会有越来越多的企业和个人参与到文创产品开发中来。而从事文创产品开发和经营的人收入过低，则会打击人们从事文创产品开发的积极性。需要指出的是，收入低的原因分为利润过低和收入分配不合理两种，这两种情况都会影响到资源配置的效率。

三是产权交易。这里的产权交易不是藏品资源所有权的交易，而是在所有权与经营权分离并产权清晰的情况下，文创权中的经营权、使用权、收益权中全部或部分产权的有偿转让。交易内容包括文创企业的兼并、转让、以知识产权入股、租赁、拍卖等经济活动。交易的方式有授权转让、拍卖转让、招标转让、合作经营、联合开发、网络众筹、互联网平台交易等。

四是投融资。文创产品开发属于高风险和高收益并存的行业，天使投资、风险投资、私募基金等风险偏好性的投融资形式比较适合文创开发的特点，会成为文创开发的主流投融资形式。多层次、多元化的文创产业投融资体系，包括文化产业基金、文化投资公司、文博产业股票证券市场、债券资本市场、文化产权交易市场、互联网众筹金融市场等市场体系也在市场资源配置中发挥着重要作用。

在文创权初始分配中，市场配置方式主要表现为运用市场竞争的原则对文创权进行分配。具体表现为，将国有博物馆藏品资源作为公共文化资

源向全社会开放，允许所有有意愿对资源进行文化创意产品开发的企业和个人，包括博物馆，通过公平竞争的方式取得文创权。

第三节 产权初始分配的行政方式

一、行政分配方式的运行逻辑

行政分配方式是指一定的管理者对其所管辖范围内的资源直接进行配置。行政力量对资源进行配置有三个前提条件。一是完全信息假定。假定管理者掌握全社会经济互动的所有信息，包括物质资源、人力资源、技术资源、需求结构等，并能够对所有经济活动做出正确决策。二是利益一体化假定。假定全社会所有个人的利益和中央决策部门的利益和价值判断是一致的，中央决策部门与地方决策部门、个人与集体之间不存在利益矛盾和价值判断的冲突。三是决策与执行一致假定。执行部门会严格按照决策部门的决定操作，不存在理解偏差和执行不到位的情况。

行政分配有直接配置和间接配置两种方式。行政资源的直接配置是政府直接对资源进行配置。其运行逻辑是，由政府决策部门统一掌握资源，并掌握资源的总体状况、生产技术的可能性、生产与消费需求等方面的信息，通过财政预算和决算的方式，计算资源在不同行业、不同部门、不同主体之间的分配，然后按照预算编制将资源层层分解下达到各个执行主体，明确规定执行部门生产什么、生产多少、用什么方式生产、投入品从哪里来、产出品到哪里去、开发几项新产品、追加多少投资等。执行主体只有执行权没有决策权，在完成上级部门下达的任务后，将收益全部上交，再由中央决策部门统一分配下一周期的执行任务。行政资源的间接配置主要是政府对资源配置的引导和规制，即政府通过政策法规、战略规划等方式引导资源向某些产业、领域流动。

行政分配方式最早起源于卡尔·马克思和弗里德里希·恩格斯（Friedrich engels）设想过的"自由人联合体"，"他们用公共的生产资源进行劳动，并且自觉地把他们许多人的劳动力当作一个社会劳动力来用。在那里，鲁滨逊·克鲁索（Robinson Crusoe）的劳动的一切规定都重演了，不过不是在个人身上，而是在社会范围重演。"❶ 行政分配方式的决策机制是计划计算，首先，由政府部门对全社会对资源总量进行计算，并对每个层级、每个部门、每个行业的生产能力进行计算，然后根据各个不同生产单位的生产能力进行资源分配。其次，行政分配的决策还要考虑社会的整体发展战略、长期发展规划，通过制订社会发展五年规划、十年规划等方式进行资源配置，各个行业门类也都有自己的发展规划，根据发展规划对行业内的资源进行再分配。

行政分配方式的动力机制是行政激励。由于上级部门掌握着全部的社会资源，可以通过定期考核的方式来检查下级部门的任务完成情况，对任务完成好的部门进行奖励，对没有按照计划完成任务或者任务完成不达标的部门进行惩罚。所以，上对下的层层绩效考核是维持整个社会正常运转的主要动力机制。

行政分配方式的信息机制是上下传送的纵向传递机制。通过严密有序的层级制组织，上级的命令一层层往下级部门传递，并被层层分解、贯彻

---

❶ 中共中央马克思恩格斯列宁斯大林著作编译局.马克思恩格斯全集（第23卷）[M].北京：人民出版社，2006：23.

执行。下级将来自基层的信息层层传递到上级部门，最终上达到中央决策部门，中央决策部门根据来自下级部门的信息了解整个社会的运转情况，并据此制订下一阶段的工作计划。

行政分配方式的维护机制是国家强制机构，主要由军队、警察、监狱等强制性机构对个人或组织违背社会底线的行为施以强制性的惩罚。在经济领域还包括行政许可部门、市场准入部门、国家统计部门、综合执法部门、纪律监察部门、国家审计部门等，这些部门决定着资源配置的流向和调整方向。

需要指出的是，行政分配方式并不等于计划经济，计划经济是行政力量直接配置资源较为典型的一种方式。行政和市场作为两种产权分配方式，并不存在谁比谁更优越的问题。政府部门对资源配置的干预是必要的也是合理的，从当前社会的发展趋势来看，行政力量对资源的配置方式正在从直接配置向间接配置转变。

整体上，行政与市场两种产权分配方式在运行机制上有着明显差异，具体如表3-1所示。

表3-1 两种分配方式的运行机制比较

产权分配方式	基本条件	决策机制	动力机制	信息机制	维护机制
市场分配	产权清晰	市场竞争	经济利益	横向多元传递	法律
行政分配	资源公有	计划计算	行政激励	纵向层级传递	国家强制机关

二、行政分配方式的优劣分析

（一）行政分配方式的优点

行政分配方式的优点主要体现在以下几个方面。①交易成本低。罗纳德·哈里·科斯在《社会成本问题》中指出，单个市场主体之间的交易需要有信息成本、谈判协商成本等，如果由企业统一制定规则，就可以避免单个市场交易的成本，提高资源利用效率，而政府本身就是一个超级企业。所以，在资源非常有限的前提下，行政资源配置方式可以集中力量办大事。②公信力强。行政对资源的配置往往由政府主管部门做出决策，通过行政系统强制执行，并且作为社会公共资源管理部门，政府的决策往往不受利益集团的影响，保证客观公正，因此具有很强的公信力，能够在社会层面得到高效执行，减少社会纠纷。③宏观调节能力强。行政对资源的配置能够着眼于整个社会进行宏观调节，克服市场机制中的外部性问题、垄断问题等，对资源流向进行整体把控，从长远上规划社会发展方向。

(二)行政分配方式的缺点

行政分配方式的缺点体现在以下几个方面。①效率低。与市场资源配置相比，行政资源配置的信息传递要经过很多层级，决策主体自身的能力对资源配置有很大影响，加上缺少竞争、监督和激励机制，必然会抑制市场主体的积极性和创造性，造成资源使用的效率低下。②决策失误概率较大。由于行政对资源的配置是建立在决策机构全知全能的前提下的，一旦决策机构对信息的掌握不是很全面，就可能做出不利于资源利用的决策。③"政策挤出"效应。主要是针对行政间接调节机制，通过财政补贴、价格管制等方式，可能会造成价格机制的失灵和要素市场的扭曲。也可能由于政府资金的投入导致不公平竞争及对社会资本空间的挤占，从而导致资源错配或资源配置无效。④设租和寻租问题。单个经济主体将更多的精力、时间和资金运用到寻求垄断、配额、许可等方面，对于单个经济体而

言是追求自身利益最大化，但对整个社会而言则是资源的浪费。

三、行政分配方式的文创实践

（一）作用机理

由于国有博物馆属于公益一类公共文化机构，依靠国家财政拨款来维持博物馆的基本运营，所以博物馆至今仍延续着行政资源配置占主导的分配方式，由国家财政预算拨付专门的资金给博物馆，维持博物馆的日常运营、人员工资、维护保养等，博物馆每年进行财政预算和财政决算，将年度剩余资金交还给国家，国家再根据预算拨付下一年的财政资金。

从单一文创产品市场均衡的角度来看，行政分配方式的运行机理如图3-3所示，D和S分别代表市场需求曲线和市场供给曲线，当价格为P时，能够达到市场均衡状态，此时整个市场上文创产品的数量为Q。但是随着社会的发展和文化市场需求的增加，需求曲线D扩大到了D^1，此时再生产Q数量的文创产品满足不了市场需求，会出现需求大于供给的市场不均衡状态，不能达到帕累托最优。所以需要进一步扩大供给，随着供给从S扩大到S^1，社会最优产量从Q上升到了Q^1，为了能够实现这个产量，就必须将市场价格从P降低到P^1，以激励更多消费者购买文创产品，以消费拉动需求增长。而降低市场价格最可行的办法就是以政府补贴、税收优惠等行政资源配置方式激励文创企业的正外部性行为，创造更多的文创产品，实现更大的文化价值。

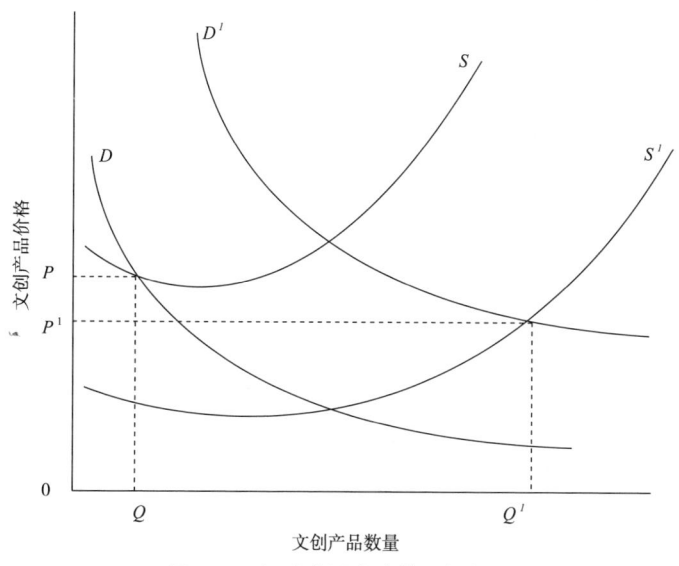

图 3-3　行政分配方式的运行机理

（二）实现途径

一是委托代理。文物主管部门直接将文物资源的文创开发权委托给某一主体，通常是文物所在的博物馆，由博物馆决定是否进行文创开发，对哪些资源进行文创开发，是自行开发还是授权给其他主体开发。博物馆享有文创开发的占有权、使用权、让渡权和部分收益权。

二是政策引导。国家及地方政府制定出台促进文创产品开发的相关政策，包括制订文创产业发展计划、博物馆绩效考核办法、市场准入政策、价格管制政策等，放开各级国有博物馆开发文创产品、从事商业经营的政策限制，提升社会各界参与文创产品开发的积极性。

三是财政补贴。国家通过政府补贴、专项资金、贷款贴息、保费补贴等方式发挥财政的资本引导作用、杠杆撬动作用和资金放大效应，支持博物馆文创产业项目开发，具体包括生产价格补贴、消费环节补贴、出口环节补贴等。财政补贴的另一种方式是财政奖励，如配套奖励、绩效奖励、以奖代补、出口奖励等。

四是税收。包括直接税收优惠方式和间接税收优惠方式。前者是指通过降低税率、减税、免税、延期纳税、出口退税、即征即退、先征后退、税收抵免等方式支持文创产品开发。后者侧重于税前优惠，主要通过征税税基的调整，如投资抵免、加速折旧、提高起征点和免征额等方式对文创企业进行优惠。

五是政府采购。政府以市场参与者的身份，通过招投标机制购买文创产品或服务，一方面通过加大购买力度引导社会资源流向文博领域，另一方面通过购买调整文创产业内部的资源配置结构，如加大对优秀传统文化传承产品的政府购买，引导文创资金向这一具体领域流动。

（三）在产权初始分配中的运用

在国有博物馆藏品资源开发的产权初始分配中，行政分配方式主要表现为通过行政计划的方式对文创权进行分配。具体表现为，国家文物主管部门作为藏品资源所有方的代表，直接将文创权委托给某一主体，如藏品所在的博物馆，由博物馆享有文创权，并通过绩效考核的方式对博物馆开发效果进行评估。其他主体如果想要拥有全部或部分文创权，需要通过博物馆的许可及授权。

第四节　资源配置方式的历史演变

一、古典工业时代的资源配置方式

行政和市场两种资源分配方式在不同历史阶段都发挥过主导作用，前提条件取决于不同时代的经济总量和消费水平。在西方，在资本主义初期的资本积累不足条件下，时间段大概是从18世纪末到19世纪中后期[1]，以及中华人民共和国成立后很长一段时间内的短缺经济阶段，整个社会生产力低下，物质不丰富，市场上的总产品只能满足有限种类的基本需要，卖方市场特征在主要产品市场中普遍存在，所有供给都会被需求自动消化。在这种情况下，收入是制约消费的关键因素，约束消费者选择的最大因素不是消费者偏好的变化，而是收入制约下的"能不能买"，只要收入能提升，所有产品都能够被消费。这时的资源配置方式主要以行政方式为主，在西方被称为凯恩斯主义国家干预政策，在中国则表现为计划经济，即政府根据资源整体状况决定生产什么产品、生产多少，企业如果超过了规定的生产量，就会出现因消费者购买不起而导致的产品被销毁或浪费的情况。如企业将牛奶倒入大海，并不是产品不被社会所需要，而是价格太高，没有相应的收入与之相匹配。

---

[1] 这一阶段在马克思主义经济学者的划分中又称自由竞争的资本主义或古典阶段。

二、新古典工业时代的资源配置方式

到了 19 世纪后期及中国改革开放以后，经济条件发生了变化，人们的收入开始上升，需求开始从基本需求转向更高层次的需求，宏观经济层面逐步开始转向超额需求与饱和需求之间的状态❶，可以称为有限饱和需求或非饱和需求❷。这时，一般人的消费已超出了基本生存的需要，新的消费对象以很快的速度不断出现。随着市场上供给产品的增多，价格不再是决定消费者是否购买产品的唯一因素，人们在有更多可供选择的产品选项后，开始根据自身偏好来决定是否购买产品。如在智能手机出现后，传统手机品牌摩托罗拉和诺基亚的产量并没有降低，但是消费者更偏向购买智能手机，那么摩托罗拉和诺基亚就会被社会淘汰。这个时候，生产者要考虑的因素不再是单一的"生产多少"的问题，而是"生产多少"和"生产什么"并重。市场需求从"能不能买"的单一状态，变成了"能不能买"与"愿不愿买"的双元状况。行政的资源分配方式已经不能适用这一时期的经济状态，更多的时候需要充分发挥市场机制，由企业家根据价格变动衡量消费者的需求变化，继而做出生产什么产品和生产多少的认知性判断。如果企业家对市场和消费者需求做出了错误的认知判断，那么工人投

---

❶ 饱和需求是指当对此物品的占有量超过界限规定额度时，消费者便不再增加对该物品的消费需求，这个需求界限就是消费者对该物品的饱和需求量。当消费者占有商品的数量超过饱和需求量后，其边际效用递减为零。当宏观层次进入到饱和需求阶段，消费者即使持有货币也不愿意购买。

❷ 理查德·沃尔夫，斯蒂芬·雷斯尼克.相互竞争的经济理论：新古典主义、凯恩斯主义和马克思主义[M].孙来斌，等译.北京：社会科学文献出版社，2015：84.

第三章 博物馆资源开发的产权初始分配

入了辛勤劳动生产出的产品就会积压。

另外,一场非常有意义的"社会主义计划经济可行性"之争开启了将"政府作为认知性劳动的执行主体"的大讨论,意在说明政府可以在生产之前就实现对经济的认知与选择。以路德维希·冯·米塞斯(Ludwig Von Mises)、弗里德里奇·哈耶克为代表的奥地利学派强调市场主导,以兰格(Lange)为代表的另一方强调计划主导。路德维希·冯·米塞斯和弗里德里奇·哈耶克认为计划当局无法处理大量和经常变动的信息问题。兰格则认为计划机关可以把解决不了的信息传递、计算与转换问题交由价格去处理,通过引入一般均衡的瓦尔拉斯拍卖机制,计划将解决信息难题。这种争论以兰格采用新古典的方法成功验证社会主义计划经济的理论可行性而告终。其基本结论是政府作为认知性劳动的主体可以通过价格来实现资源的有效配置。这说明,价格是手段,市场上的企业家和计划中的政府都可以运用价格这种机制。但是当20世纪六七十年代苏联、东欧采用兰格模式时,遇到的实践上的最大问题就是如何在事前计划中引入经理人员激励[1],即以政府为主体的认知性劳动如何转换为交换价值的激励问题。[2]在一个生产与消费相分离的时代,当政府成为认知性主体时,由于委托代理等信息转换问题,认知性劳动无法通过认知效率的提升转换成交换价值,社会主义计划经济的现实性受到阻碍。[3]这一理论的现实表现是,政府将

---

[1] 柳欣. 经济学与中国经济[M]. 北京:人民出版社,2006:43.

[2] 理论上掌握充分信息的拍卖人无法在现实中形成有效激励,从而无法形成真实的认知效率,因而无法实现交换价值。

[3] 像兰格这样的主流经济学家能够用新古典的范式证明社会计划的可行性,很多著名经济学家,包括保罗·萨缪尔森(Paul Samuelson)、约瑟夫·熊彼特(Joseph Alois Schumpeter)这样的人,都至少认为理论上计划经济是可行的:只要计划前能够掌握足够多的有效信息,而且计划能够通过认知性劳动转换成认知效率。

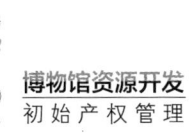

国有资产委托给国有企业去经营，却无法解决委托代理关系中如何激励国有企业经理人，提高其积极性的问题。此理论也能够用来解释很多国有博物馆的管理者对文创产品开发没有积极性的问题。

三、信息互联网时代的资源配置方式

在人类社会进入互联网时代后，以互联网为主导的资源配置方式通过免费等零价格方式颠覆了传统的资源配置方式。这一时期，市场条件开始进入饱和需求阶段，人们的消费逻辑不再是追求获得更多的产品，而是通过产品获得更多的体验和社交认同。生产方式呈现出数量效用向体验效用转变和市场信息从非对称向对称转变两个显著特征，价格不再是资源配置的直接手段，互联网用户的网络口碑成为消费者决策的最重要影响因素。面对众多企业，消费者可以通过评论与口碑等充分交流产品的价格、品质、功能、使用等各种信息，各种互联网平台（包括社区/论坛、博客/微博、社交网站、短视频 App 等）成为消费者在选择、购买产品或服务时的重要信息源，能够跨越地理与时间限制，进而在一定程度上代替传统意义上的口碑传播。通过评价对比，消费者可以选到最佳商品，而通过选择后的评价又为其他消费者提供消费路径，增强了消费者对特定产品的锁定。

另外，大数据能够更好地捕捉消费者的消费偏好，进而形成消费者真实需求。研发、生产和销售等环节都强调消费者参与产品设计，降低研发成本和生产、销售周期。产品的生产不再是一步到位完成的，而是在不断地与消费者互动、调整、纠错和优化的过程中形成的，生产和消费不再是分隔清晰的两个环节，而是通过迭代式互动将消费需求嵌入生产过程，使

第三章　博物馆资源开发的产权初始分配

生产可以通过反复试错处于动态调整中。

2013年，美国一家在线影片租赁提供商——奈飞（Netflix）公司根据其掌握的用户信息大数据，生产出了《纸牌屋》这一全球热门影视剧。奈飞公司根据其网站上用户每天产生的高达3000多万个行为，如收藏、推荐、回放、暂停等动作信息、用户评分、用户搜索数据、演员导演喜爱程度，选择用户最喜欢的BBC剧、导演大卫·芬奇（David Fincher）做导演，老戏骨凯文·史派西（Kevin Spacey）担当男主角，并花1亿美元买下了一部早在1990年就播出的BBC电视剧《纸牌屋》的版权，根据用户喜爱程度精准设计剧集播放时间、剧情导向等，实现大众创造的C2B，即由用户需求决定生产。

互联网资源配置方式在博物馆文创领域也同样得到了实践。2018年，北京卫视播出《上新了·故宫》，聚焦故宫未开发的神秘区域，邀请设计师以此激发创意制作文创产品，并由邓伦、周一围等明星担任"新品开发员"，开发出系列网红文创产品。其中，第二期节目推出的以"福贺（蝠鹤）佳音"为主题的睡衣采用了限量众筹的模式，售价为399～2899元，众筹人数在2周达到1.5万人，累计众筹金额为864万元，达成率高达17288%。这种众筹和预售的生产模式，打破了传统的资源配置方式，越来越成为互联网时代重要的资源配置方式。

总之，在所有权既定的情况下，选择不同的产权分配方式可以优化资源配置效率。对于博物馆藏品的文创开发而言，主导的两种产权分配方式是市场分配方式和行政分配方式。前者是以市场力量作为产权的主导力量，通过价格机制对供需关系进行平衡，运行的动力机制是市场竞争和经济利益驱使，信息传递方式是横向的多点传递，在文创开发中具体通过价格、利润、收入、产权交易、投融资等方式发挥作用。后者是以行政力量作为产权分配的主导力量，通过决策部门对资源的精确计算，将资源分配到各个生产单位，决策的动力机制是绩效考核，信息传递方式是从上到下的纵向传递，在文创开发中具体通过委托—代理、政策引导、财政补贴、税收、政府采购等方式发挥作用。两种产权分配方式在文创权初始分配中的运用表现为：行政方式通过委托—代理的方式分配文创权；市场方式通过市场竞争的方式分配文创权。

CHAPTER FOUR

第四章

博物馆资源开发的产权分配效率

故宫口红在2018年年底成功引发了一场互联网时代的故宫"嫡庶之争"。12月9日,名为"故宫博物院文化创意馆"的官方公众号发布了一篇题为《故宫口红,真的真的来了!》的文章,文中称,故宫首款彩妆"故宫口红"诞生,并推出了6个色号。9日晚,"故宫淘宝"发微博称"目前市面上见到的所有彩妆并非我们所设计",次日更是发布文章《久等了!故宫原创彩妆!》并官宣眼影、口红、腮红等系列彩妆诞生。不明真相的民众开始讨论,到底谁才是故宫出品的正版彩妆。之后经过故宫博物院的澄清,很多人才明白"故宫文创"和"故宫淘宝"是故宫博物院授权的两家不同文创企业,在产品研发时是各自独立的运行系统。但同样基于故宫这一IP,又在同时推出同类型的产品,造成了故宫文化资源的内耗,影响了消费者对故宫品牌的信任度,是文创权初始分配效率不高在现实领域的实践表现。

第四章　博物馆资源开发的产权分配效率

第一节　文创权初始分配的效率评价标准

行政和市场两种产权分配方式，在国有博物馆藏品文创开发中应该选择哪一种，选择的依据和标准又是什么呢？按照产权经济学对资源配置方式的衡量标准，效率和公平是最重要的两个参考因素。所谓效率，就是通过对国有博物馆藏品文创开发权利的合理分配，能够使藏品的文化价值和社会价值得到最大限度的发挥，并创造出更多的社会财富。所谓公平，就是在藏品归全民所有的前提下，保证每一个有意愿对藏品进行开发利用的主体公平享有文创权。本章的研究重点是文创权初始分配中的效率问题，分析行政和市场两种分配方式哪种更能够对文创权进行更有效率的初始分配。

一、产权初始分配效率的界定

"效率"一词最初有物理学和管理学两重含义：物理学上的效率是指单位时间完成的工作量；管理学上的效率是指在给定投入和技术等条件下，最有效地使用资源以满足人类的愿望和需要。在不同学科领域，效率有不同的表达含义。在经济学中，效率是指投入与产出的比率，用以衡量经济资源是否得到有效利用。根据效率的不同提高路径，可以将经济体系中的效率分为生产效率和分配效率。其中生产效率是指微观层面一个经济体的投入和产出，其提高途径是子系统内部的成本管理；分配效率是指宏观层面资源在不同系统之间的配置，以达到资源优化组合提高效率的目

103

的。本书研究的是分配效率。

产权分配效率是指通过将产权束中的产权，包括占有权、使用权、收益权等在不同产权主体之间进行分配、组合和重组，以达到最大限度地发挥资源效用的目的。关于资源效用的衡量一般采用"帕累托效率"[1]作为标准。所谓"帕累托效率"，是维尔弗雷多·帕累托（Vilfredo Pareto）提出的一种资源配置的状态，即在不使其他人状态变差的情况下，使另一个人的状态变得更好，即"帕累托最优"。帕累托最优包括三个条件：①交换的最优条件，任何两种产品的边际替代率对所有的消费者都相等；②生产的最优条件，任何两种要素替代率对所有生产者都相等；③生产和交换的条件，任何两种产品的边际转换率等于它们的边际替代率。当这三个条件同时满足时，帕累托最优才能实现。显然，这种情况是在完全市场条件下的一般市场均衡，在现实世界中根本不可能出现。在此基础上，古典经济学家如阿瑟·塞西尔·庇古、罗纳德·哈里·科斯、道格拉斯·诺斯、哈罗德·德姆塞茨（Harold Demsetz）、张五常等都提出了效率评价标准，但没有能够跳出帕累托最优所提供的基础框架，因此本书的研究也以"帕累托效率"作为效率评价标准。

二、文创权初始分配效率的界定

文创权初始分配效率是指在国有博物馆藏品资源的文创开发中，通过将文创开发权分配给不同的开发主体所产生的藏品资源利用效率。对于文

---

[1] "帕累托效率"是100多年前意大利经济学家维尔弗雷多·帕累托提出的一个重要的经济学概念。

第四章　博物馆资源开发的产权分配效率

创权的资源配置效率，需要考虑两个问题：一是文创权初始分配效率有哪些特点；二是文创权初始分配效率衡量的标准是什么。

第一个问题，关于文创权初始分配效率的特点。相对于一般的物质生产部门，文创权的投入产出包含更为复杂的因素。首先从投入来看，文创权的投入不仅包括设计、生产和销售环节的资金、人力等直接投入，还包括藏品本身创作者的智慧投入、藏品数字化开发的投入等间接投入。投资要素的不同比例的组合会带来不同的产权结构和收益分配结构，从而产生不同的效率。其次从产出来说，文创权的产出最直接的衡量标准是文创开发所带来的直接经济收益，同时还包括藏品所蕴含的文化价值、博物馆的品牌价值所产生的间接经济收益，如由于某件文创产品的热销给博物馆周边住宿餐饮业带来的收益等。所以说文创权的产出收益是很复杂的，很难用传统统计数据衡量。基于以上考虑，本书对文创权初始分配效率的研究不采用量化的投入产出比分析法，而是采用对宏观资源配置的演绎逻辑推理分析。

第二个问题，文创权的效率评价标准。人的需求是多元化的，对甲来说有用的东西对乙来说未必有用，每个人的价值需求和偏好不同，对产品效用的评价标准也会不同。在藏品资源的开发中，对开发主体甲来说资源利用得到了最大化，但并不代表对乙来说也是如此。而且整体资源和市场都是有限的，开发主体甲把资源运用到了最有效率的领域，可能意味着开发主体乙、丙、丁不能将资源运用到最有效率的领域，他们之间存在着此消彼长的竞争关系。所以，个体效率最大化的叠加并不能代表整个社会效率的最大化。因此本书的研究着眼点在于国有博物馆藏品资源开发给整个社会带来的最大效用，而并非给某一博物馆或个人带来的最大效用。

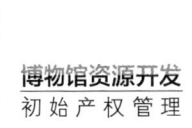

三、文创权初始分配效率评价指标

理论上讲，行政和市场两种分配方式都可以达到帕累托最优。市场通过价格机制反映供给和需求状况，在生产和分配中发出调整信号以达到供需平衡。行政则通过严密准确细致的计划，将文创权准确分配到能够最大限度发挥资源价值的行业和部门中去。但现实中，由于完全市场不存在和信息不完整，上述理想状态根本不可能实现。用什么方法评价不同产权分配方式的效率，即评价工具的选择，对产权分配效率的衡量是至关重要的。

对于产权分配的效率评价，在维尔费雷多·帕累托之后，不同时期的经济学家提出了不同的评价方法。为了克服"帕累托效率"没有考虑到收入分配、外部性、垄断问题的解决等因素，阿瑟·塞西尔·庇古提出了边际私人价值等于边际社会纯产品价值的衡量标准。如果在某种资源配置方式中，某个行业或地方的资源的边际社会纯产品的价值不等于其他行业或地方的资源边际社会纯产品价值，则说明这种资源配置方式不是最优的，可以通过将资源从边际社会纯产品价值低的行业部门或地方调整到边际社会纯产品价值高的行业或地方，以提高资源配置效率。

以罗纳德·哈里·科斯和诺思为代表的产权经济学派则从交易成本角度来衡量资源配置效率。罗纳德·哈里·科斯认为在交易成本为正的情况下，"合法权利的初始界定对经济制度的运行效率产生影响。一种权利的调整会比其他安排产生更多的产值。"❶ 罗纳德·哈里·科斯从产权制度成本的角度去衡量产权制度的效率。诺思则认为制度能够提供一组有关权利、责任、利益的规则，为人们制定一套行为规范，能够让人们在这套规范内最大限度地发挥能动性和创造性，以最小的投入获得最大的产出，以实现帕累托最优。

哈罗德·德姆塞茨则提出了"相对效率"的概念，"相对效率的观点必须涉及现实的稀缺性和人们现实状况，而不是他们能怎样。"❷ 他认为正确的效率标准应该考虑现实层面的人们行为的约束，即在交易成本为正的情况下产权制度安排对资源配置效率的影响。

结合以上经济学经典观点及国有博物馆藏品文化创意产品开发产业链，本书将从投入、经营、收益三个维度出发来评价市场和行政两种分配方式在文创权使用中的效率。

第二节　文创权初始分配方式效率评估

运用行政方式对文创权进行初始分配，就是政府主管部门根据各开发主体的资质和对全国文创开发资源的整体判断，直接将文创权委托给某一主体，一般是藏品所在的博物馆。运用市场方式对文创权进行初始分配，则是将待开发的藏品资源进行公开，由市场主体通过竞争取得文创权。产

---

❶ 罗纳德·哈里·科斯. 财产权利与制度变迁——产权学派与新制度经济学派译文集[M]. 刘守英，等译. 上海：上海人民出版社：1994：20.
❷ DEMSETZ H. Information and Efficiency: Another Viewpoint[J]. Journal of Law and Economics，1969，12（1）：1-22.

权分配方式不同，必然带来不同的开发效率。从文化创意产品开发的产业链角度出发，可以从交易成本、外部性效应、投入方式、经营方式、收益分配五个环节分析两种资源分配方式在博物馆藏品文创开发中的效率。

一、市场交易成本分析

科斯定理已经告诉我们，交易成本为零的世界是不存在的，正如诺贝尔经济学奖获得者乔治·斯蒂格勒（George Joseph Stigler）所说的那样："一个没有交易成本的世界，宛如自然界没有摩擦力一样，是非现实的。"实际上市场运作是一个利益摩擦的过程，这种摩擦势必造成一定的市场交易成本，这种交易成本的多寡直接影响到市场主体所追求的经济效益大小，从而制约一个社会的资源配置过程。

根据罗纳德·哈里·科斯的解释，在交易费用为正的现实世界里，法律体系是至关重要的。"我在《社会成本问题》中说明，在市场中交易的东西不是像经济学家一般认为的物理实体，而是采取确定行动的权利和个人拥有的、由法律体系创立的权利。我们可以想象，在假设的交易费用为零的世界中，交换的双方可以通过谈判改变任何阻碍他们采取增加产值所需的任何步骤的法律条款，而在交易费用为正的现实世界里，这种过程会极其昂贵，并且即使是允许的，也会使大量有关法律的出台，无利可图。由此，个人拥有的权利，连同他们的责任和特权，在很大程度上由法律来决定。作为法律体系的一个结果，将会对经济体系的运行产生深远的影响，并且在某些特定的方面可以说是控制后者。人们显然向往的是，这些权利应该配置给那些能够最富有生产性地使用它们的人，具有他们这样做的动力，并且发现这样的权利分配，通过法律上的明确和减少转让的法律要求方面的麻烦，转让费用应该很低。"

可见，合法权利的初始界定会对经济制度的运行效率产生影响。"一种权利的调整会比其他安排产生更多的产值，但除非这是法律制度确认的权利的调整，否则通过转移和合并权利达到同样后果的市场费用如此之高，以致最佳的权利配置以及由此带来的更高的产值也许永远不会实现。"

文创权作为新的产权类型，如果能够从法律上制定合理的产权规则，就能够节省大量的交易成本。从产权初始分配的角度来看，需要明确文创权归谁所有。国家是国有博物馆文化资源的所有者，假如国家通过法律的形式将文物资源的文创开发权交给博物馆，由博物馆对外授权并收取权利金，则文创开发的交易成本就包括文创企业的信息收集成本、与博物馆讨价还价的成本、博物馆向文创企业收取的授权金。而如果国家通过法律形式规定国有博物馆的文物资源免费向全社会开放，则任何文创企业和个人，包括博物馆自身，都可以利用博物馆文物资源进行文化创意产品设计与创作，不需要给其他机构支付授权金，从社会整体发展的角度来看，这将为全社会节省出大量的交易成本，更大限度地激发全社会参与文物资源文创开发的积极性。

交易费用过高会成为阻碍文创开发的制度瓶颈。根据科斯定理，在一定技术知识水平条件下，经济制度政策越低下，社会经济活动的合作效率就越低，由此产生的社会经济总交易费用越高，于是社会净产出就越低于社会总支出，从而造成经济上的无效。极端条件下，交易费用过高会阻止任何交易的产生，造成市场失灵。在博物馆藏品的文创开发中，如果博物馆收取过高的授权金，导致文创企业进行文创产品生产的利润

空间很小甚至为零,那么文创企业就会选择不与博物馆合作,导致文创开发行为无效。

在现实中确实存在这样的情况,博物馆由于掌握着藏品资源的数字化版权,在文创授权与开发中处于绝对优势地位,博物馆有权决定拿出什么样的藏品资源、拿出多少资源进行文创开发,也有权决定与什么样的文创企业进行合作。越是知名度高、藏品资源丰富的博物馆,在授权过程中越是处于主导地位,可以规定授权金的收取比例、文创企业文创产品的开发类型、文创产品的销售宣传渠道等,文创企业不具备讨价还价的能力。以日本著名的IP形象蜡笔小新为例,版权方有很多"奇葩"的要求,小新和小葵不能面对面笑,小新是个七岁的孩子,不能受到很残忍的伤害等,被授权方必须无条件接受。文创企业在合作中越没有发挥的余地,参与的积极性越低。

因此,在文创权初始产权分配层面,与将文创权通过行政手段分配给各博物馆相比,向全社会开放版权的市场机制更有利于节省交易成本。

二、文化外部效应分析

文化产品的外部性问题最早被西方学者关注,最经典的论述是威廉·鲍莫尔(Willian Baumol)提出有些文化产品具有正外部性,即优效品。❶马克·佩恩(Payne)对威廉·鲍莫尔的优效品理论做了进一步分析,

---

❶ 优效品(Merit Goods)这一概念是由理查德·马斯格雷夫(Richard Musgrave)提出的,有时被译为有益品。对于优效品的判断和供给并不是基于物品本身的特性,而是基于人们的主观评价,换句话说,更多的是基于权威机构(如政府)的评价。

他认为文化产品的外部性主要有四种类型：一是同群效应❶；二是社会效益；三是经济发展；四是明天的文化。

文化产品的外部性可以分为正外部性和负外部性。正外部性是指好的文化产品不仅能够给消费者带来很好的精神享受和愉悦情怀，带来经济增长，而且能够给他人带来效用的增加。如一部好电影，在提供教育、娱乐功能的同时，还常常传递着特定的思想文化主张、价值观和民族观，宣扬特定政治制度的合法性，增强人民对国家、民族的认同感和归属感，维护社会秩序稳定。而文化产品的负外部性是指不好的文化产品，如媚俗化、低俗化、虚假化的文化产品不仅会对消费者本身产生严重误导，损害消费者的精神世界，也会对整个社会和民族文化带来严重的精神污染，损毁民族的文化根基。文化产品的负外部性用社会准则来约束或以市场来矫正都有很大的局限性，需要政府通过积极干预，加大对负外部性文化产品的监管和打击。

博物馆文创的发展，需要通过资源合理配置，尽可能放大文创产品的正外部性，消除或弥散文创产品的负外部性。放大正外部性，需要建立现代市场体系，发展博物馆文创产业，通过创造供给，生产出更多优质的文创产品来培育和创造消费需求。如果文创开发权通过行政方式进行初始配置，能够取得文创开发权的组织很大程度上会是藏品所在的博物馆，因为政府对社会企业信息掌握不全面，在筛选文创企业方面也并不能完全做到

---

❶ 同群效应（Peer Effect）是指一个人处于某群体中，他的行为和结果受到周围人群行为和特征的影响，而影响他的人是和他处于平等地位的"同群者"。这一术语较多地应用于教育学中，其实同群效应是经济学家们所关注的非市场互动，即不同行为人之间的相互影响，而这种影响又不是直接在市场上通过价格的变化而产生的。更重要的是，人与人之间的互动会产生人力资本积累的外部性，从而表现出同群性。

帕累托最优。而一旦将文创权分配给博物馆或政府制定特许经营单位，这些单位由于体制机制等限制，在文创产品市场需求调研、设计研发、宣传推广等层面存在诸多短板，不利于文博领域现代市场体系的建立。而如果将文创权的初始产权交给市场，让市场通过优胜劣汰的机制对文创企业和产品进行选择，一方面，可以扩大参与文创产品生产企业的基数，让更多企业或组织参与到文创产品开发中，让市场在竞争中筛选出民众喜闻乐见的优质产品。另一方面，越多优质的文创产品投入市场，博物馆文创的正外部性越能够充分被发挥出来。如南京博物院通过文创方式展示古代的"琴、棋、书、画、诗、酒、花、香、茶"生活九艺，不仅能够呈现中国古代文人的生活方式，更具有引领当代中国生活风尚的标杆作用。至于博物馆文创的负外部性，如因文创产品开发不当造成民众对历史文化、名人英雄形象的扭曲和误读，则可以通过政府文物部门和文化市场监管体制来进行监督约束。

三、市场要素投入分析

对于文创产品的投入，主要从资本和人才角度去比较研究。不同的产权分配方式代表着不同的思维方式和运营模式，必然会带来不同的文创开发投入方式。

（一）资金投入分析

文创产品的研发前期需要大量的资金投入，资金的来源问题成为文创开发工作能否启动的关键问题。据故宫博物院文创相关负责人透露称，故

第四章　博物馆资源开发的产权分配效率

宫每款产品平均开发时间是 8 个月，每款产品的研发投入都在 20 万～30 万元，故宫一年的文创产品研发成本是 1 亿～2 亿元。同时，没有足够的资本保障，不仅影响到文创产品的研发，还会因资金周转困难导致产业链条脆弱，抵抗市场风险能力差，最终影响到博物馆藏品文创开发产业的整体发展。

采用行政方式对文创权进行初始分配，国家文物主管部门会将藏品资源直接委托给某一主体进行文创开发，而藏品所在的博物馆由于对藏品享有保管、展示和研究的权利，通常情况下会成为藏品文创开发的首选主体。国有博物馆作为公益一类事业单位，在运营上由国家财政每年拨款，负责博物馆的日常运营。尤其是在取消了门票收入后，财政资金成为大多数博物馆的唯一资金来源。而对财政划拨资金的使用，"要按照批准的预算和经费开支范围办理支出。严格办理审批程序，无明文规定的开支项目，要报经有关部门批准后执行"。"各级文博单位的经费支出，实行'统一领导，分级归口管理'的办法，各项支出要在单位领导的统一领导下，由财会部门统一安排掌握使用。博物馆需要根据批准的预算，分级归口有相关业务部门负责，实行指标控制"。❶而文创开发的市场行为使前期研发投入和收支很难通过年度预算和结算来衡量，因此通过预算来控制文创开发资金投入存在明显的市场滞后性和不合理性。从文物部门的财政支出来看，国家对文博单位的财政投入主要用于维护博物馆日常运营及文物抢救保护项目，很少有专项资金用于藏品的文创开发。以北京市文物局为例，北京市文物局下属事业单位共 30

---

❶ 国家文物局，财政部.文物、博物馆事业单位财务管理办法［EB/OL］.（1989-12-26）［2020-12-12］. http://www.law-lib.com/law/law_view.asp?id=6230.

个，其中全额拨款事业单位 28 个，自收自支事业单位 2 个。2017 年，用于博物馆的基本支出预算 31406.84 万元，项目支出预算 43438.32 万元（见表 4-1），基本支出主要用于维护博物馆日常运营及人员工资发放，项目支出用于文物及历史文化保护区专项修复等。预算中没有用于文创开发运营或者博物馆可以自行支配用途的经费，这就造成现实中不少博物馆想要从事文创开发，却苦于没有启动经费，只能以知识产权入股的形式与社会企业合作经营。而实际上，藏品资源作为公共文化资源，以博物馆私有财产的形式入股经营是没有存在合理性的。

表 4-1　2017 年北京市文物局部门预算支出情况

预算支出项目	金额（万元）	用途
基本支出预算	31406.84	人员工资、退休金、机构运行、"三公"经费、政府采购
项目支出预算	43438.32	文物及历史文化保护区专项资金
		奥运博物馆、徐悲鸿纪念馆及首都博物馆等日常运营经费（包括社会化用工、场地及库房租赁、物业管理费、基础设施改造工程等）
		展览展陈、藏品保护、基础设施改造等事业发展类项目
		局属安全保卫人员经费

数据来源：北京市文物局网站。

采用市场方式对文创权进行分配则是文物主管部门遵循公开公平的原则，将待开发藏品资源对全社会公布，所有竞争主体通过市场竞争方式取得文创权。在资金投入方式上，市场主体通过现代投融资体系获得资金。投资的主体不再局限于政府部门，政府、企业、银行、法人、个人都可以成为投资主体，通过开放式资本市场进行集资招股来获得社会资本。而资金获取渠道也是多元化的，可以通过将公司品牌、设计等无形资产抵押获取银行贷款，经营效益好的文创公司可以通过上市发行股票债券获得融资。项目融资、股权融资、版权融资、融资担保等都可以成为文创开发的资金来源渠道。随着互联网的发展壮大，众筹也成为文创资金来源的一个重要渠道。如为了庆祝苏州博物馆新馆落成10周年，向建筑大师贝聿铭致敬，苏州博物馆联合自然家推出建筑衍生品——山水间文具置物座，用淘宝众筹方式向大众推广，众筹价格为128元，在完成众筹上市后，价格上涨至158元，在苏州博物馆官网和自然家同时上线销售。这种尝试拓宽了博物馆获取资金的渠道，是市场化方式在文创开发中的尝试运用。

由以上分析可见，行政和市场作为初始产权配置的两种方式，从获取资金的主体和渠道上进行对比，市场方式的主体更多元化，获取资金的渠道更灵活。

（二）人才投入分析

高素质、复合型的文化经营人才和创意研发人才是博物馆藏品文创开发产业的灵魂。创意人才的缺失会导致博物馆文化创意产品缺乏原创核心价值，"同质化"现象严重，还会导致博物馆文创产品难以体现藏品真正的文化价值和文化特色，经营人才的缺失则会使市场推广工作难以开展，不利于文创品牌效应的形成。

以行政方式进行文创权初始分配，会使人才投入成本提高。首先，开发主体必须具有专门的文创人才团队。文化创意产品开发涉及的领域交叉性很强，行业知识和技术更新速度快，需要不断地培育新的人才和对原有

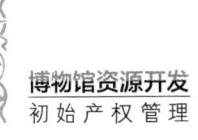

人才的知识技能进行更新换代。开发主体需要承担人才培养费用、人员工资、后期培训费用等。尤其是对于国有博物馆而言，目前还没有独立的文创人才培养机制和开发体系，人才的"养护"费用很高。从调研情况来看，大部分国有博物馆从事文创产品开发的人员都在10人以下，以苏州博物馆为例，博物馆内部只有2名设计师，除了自己开发产品，还要为合作的设计公司审稿。为了保持文创产品文化艺术上的一致性，博物馆需要对外部设计师进行培训，补充藏品相关文化知识，以保证其对馆藏文物充分了解，人才短缺问题普遍存在。其次，行政方式对文化创意人才的激励不够。行政方式以职位晋升、薪酬和福利作为激励人才的手段，但创意人才重视的是宽松的管理环境和自由创作的独立空间，重视自身价值的实现和精神需求的满足，激励方式的错位导致体制内的文化创意人才不愿意承担风险、探索新事物，创新意识逐步削弱。

以市场方式进行文创权初始分配则可以克服上述弊端。首先，市场方式可以打破文创人才属于某一开发主体的局限。可以项目方式组建矩阵式团队，或者公开征集有研发能力的人才加入项目团队。其实很多博物馆目前在文创开发中也采用市场化方式征集人才，如台北"故宫博物院"最早的文创产品"朕知道了"纸胶带的设计师是"故宫文创大赛"中获奖的两位年轻人。出于自身人员的限制，博物馆将与外部合作作为文创开发的主要做法，目前为台北"故宫博物院"提供文化创意产品设计和加工的企业达到了60多家。其次，市场的激励方式更有利于留住文创人才。市场激励文创人员的主要做法是股权激励、市场分工、知识产权出让等，这意味着文创人员的工作最终要接受的是市场的检验，受到市场欢迎的文创产品会为创意设计人员和开发人员带来更多的收益甚至形成品牌效应，而不受市场欢迎的文创产品则会使文创人员在市场上失去发展机会。优胜劣汰的市场规则会留住最适合的人才在文创开发领域。

四、文创开发运营分析

在博物馆藏品文创开发市场,所面临的共性问题主要是信息不对称问题和激励问题。信息不对称问题是指文创权的所有方在不清楚使用方真实实力的情况下如何进行文创权分配的问题。激励问题是指在所有权和经营权分离的情况下,文创权所有人如何激励经营者的问题。

(一)信息不对称问题分析

对于信息不对称问题,市场的解决方案有两种。

第一种是信号传递,即通过设计机制让"好"产品能够将信息传递给消费者。这里有一个著名的"柠檬效应"理论[1],以文创开发为例,逆向选择问题表现为,假定市场上有10家企业竞标获得名画《千里江山图》的文创开发权,企业的开发实力和文创产品质量工艺参差不齐,质量好的公司出价100万元,质量差的公司出价50万元,在信息不对称的情况下,开发权所有方(政府)并不清楚这些企业的实力,选择两种实力企业的概率分别是50%,那么所有方可能愿意支付75万元的标价。进一步从竞争企业的角度考虑,企业之所以愿意给出既定标价,一定是因为标价能够带来更多的收益,

---

[1] "柠檬效应"理论也称"劣币驱逐良币效应",由2001年诺贝尔经济学奖得主乔治·阿克尔洛夫(George Akerlof)提出,乔治·阿克尔洛夫以旧车市场为例,论证了由于信息不对称导致市场上充斥劣车,最终导致市场消失的问题。

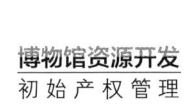

假如实力强的公司开发成本是 80 万元，肯定不愿意以 75 万元的标价竞标。因此，所有招投标竞争市场上质量工艺好的企业就会撤出，所有方也知道如果出价 75 万元的话，中标的企业成本都是在 75 万元以下的，也不愿意出 75 万元以上的价格，所以市场上只有低质量的产品才会进入，直到所有方出最低的价钱招来最廉价的企业。市场对这类问题的解决方案是，可以让好的企业传递信号给消费者，比如，承诺一年内获得多少利润收入，如果达不到目标则自愿接受某种惩罚机制，承诺的作用在于传递出企业对自己产品质量有信心的信号，让所有方放心。

第二种是建立信誉机制。在信息不对称的情况下，所有方之所以愿意将文创权授予 A 企业而非 B 企业，很重要的原因是所有方对 A 企业的信任。而信任是市场长期博弈的结果，只有那些在多次市场交易中质量过硬、讲究信誉并形成一定品牌的企业才有可能建立起信誉机制。如果一个企业总是欺骗所有方及消费者，将不可能建立起信誉机制，也不可能形成品牌优势。品牌的重要性就在于其传递出的是一种维持品质的保障信息，可以帮助企业节省很多交易成本，所以所有要长期生存的企业都很在意信誉的维护。

行政分配方式对上述信息不对称问题的处理方式有两种。

第一种是政府管制，对于高度信息不对称的商品，政府会通过工商部门许可经营等方式进行管制。如对药品，并非任何人都可以从事药品的生产和经营，只有经过工商部门许可的企业才可以从事生产，而且工商部门会经常对药品的质量进行检测，并出台标准指导企业将药品分为处方药、非处方药等。对于文创产品的开发，商标注册也是一种政府管制方式，通过商标注册可以让文创企业形成一种品牌保护机制，侵犯商标的企业将会受到法律的惩罚。

第二种方式是制定相关法律。目前对文创开发这种新生事物尚没有相关法律，但是法律的作用在于给所有人一个明确的行为规则，通过明确的责任分配和惩罚规则的实施，引导所有人选择社会最优的行动方案。如对于文创开发中的侵权行为，如果法律的赔偿过程太过烦琐，赔偿额度低于诉讼成本，就会纵容侵权行为的发生，降低整个社会的资源配置效率。

相比于市场方式对信息不对称问题的处理方式，行政方式避免了单个谈判和信誉机制建立的复杂性长期性，更能够在社会大范围内实施。但过多地使用行政方式往往削弱了市场本身解决不对称问题的能力。政府管制和企业信誉的关系如图4-1所示，在政府管制和企业信誉之间存在一个均衡点，企业越讲信誉，对政府管制的需求越低，相反，企业完全不讲信誉，就需要最高程度的政府管制。在市场建立早期，政府管制对于企业信誉的建立来说是必要的，没有政府对品牌、商标等无形资产的认证和保护，企业很难建立起积极的信誉机制。但是当市场发展到一定程度后，政府管制和企业信誉达到均衡点，再增强政府管制就会使企业信誉下降。具体原因为：①管制越多，政府的自由裁量权就越大，企业面临的未来不确定性越强，企业看不到长期利益，就会追求短期行为，不注重自身信誉。②过严的市场准入会降低企业的信誉。如果政府市场准入过严并且没有科学的退出机制，企业一旦获得政府批准，就会获得垄断权力，无论企业怎么经营都不会被淘汰，消费者对企业的评价无法影响到企业的生存和利润，企业就没有积极性去维护信誉。③行政审批导致企业信誉没有价值。行政审批会使企业意识到利润的来源在于政府部门的许可，真正的"客户"是政府部门，而不是顾客，所以只需要服务好政府部门即可，不需要对消费者讲信誉。

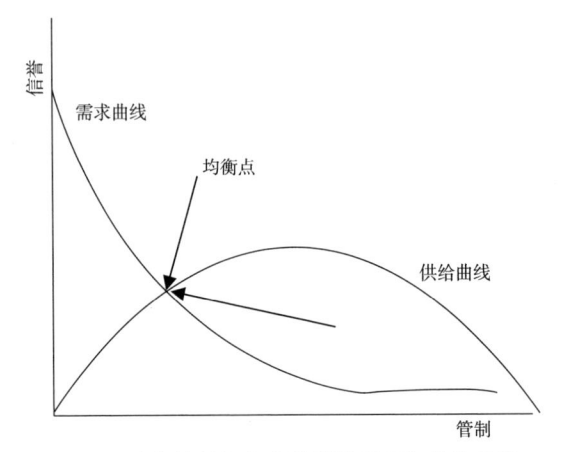

图 4-1　政府管制与企业信誉的需求和供给曲线

（二）激励相容问题分析

在文创开发中，市场分配的激励方式是股权和分红，行政分配的激励方式是绩效工资和奖金❶，接下来分别比较这两种激励模式的效果。衡量激励机制是否有效的标准是个体与整体的价值观和目标是否一致，如果二者是一致的，那么整体目标和个体目标就能够形成合力，中央决策层的激励措施也能达到应然的激励效果。反之，如果个体目标与整体目标不一致，则中央决策层的激励措施未必能够在各执行层达到想要的激励效果，导致激励机制低效或无效。

无论是行政分配机制还是市场分配机制，所有现代企业都是所有权和经营权相分离的，经营权归经理人，所有人和经营者之间是委托—代理关

---

❶ 《关于推动文化文物单位文化创意产品开发的若干意见》中规定：国有文化文物单位应积极探索文化创意产品开发收益在相关权利人间的合理分配机制。探索将试点单位绩效工资总量核定与文化创意产品开发业绩挂钩，文化创意产品开发取得明显成效的单位可适当增加绩效工资总量，并可在绩效工资总量中对在开发设计、经营管理等方面做出重要贡献的人员按规定予以奖励。

系而且经理人享有充分的决策权，区别在于市场机制下所有权归股东所有，行政机制下所有权归国家所有。所有权人对经理层的监督和激励是市场和行政模式开发主体面临的共同问题。由于代理人的行为难以观察，委托人只能看到代理人行为的结果，不能观察到代理人的行为过程和努力程度。所以在激励过程中可能会出现的问题是，代理人与委托人的利益不一致，从而导致所有权扭曲。无论所有权如何，经理人都是追求自身效用最大化的，假如有两个项目，项目 A 能使经理收益 20 万元，股东收益 100 万元，项目 B 能使经理收益 22 万元，股东收益 60 万元，那么经理人很可能会选择项目 B 而不是项目 A，从而使整个社会的收益达不到帕累托最优。

对于这一问题，市场机制的解决方案是，股东拿出一定比例的股份分配给经理人，以使经理人与股东的利益保持一致。如股东给经理人 10% 的股份，从而使经理人在项目 A 中的收益变为 30 万元，股东收益 90 万元，在项目 B 中经理人收益 28 万元，股东收益 54 万元，此时经理人就会选择项目 A 而非项目 B，而股东的收益也因此增加，从而使整个社会的收益整体提升。而且为了追求自身利益最大化，股东是愿意拿出 10% 的股份给经理人的，这样双方能够形成最优的风险分担机制和相互信任机制，能够达到"激励相容"的目的，即委托人想要得到的结果必须符合代理人的利益，代理人是在最大化自身利益的基础上为委托人服务的，违背代理人的意愿将得不到最优结果。

而在行政机制下，要想达到激励相容的目的，需要克服两个障碍。首先是委托人的利益维护问题。国有博物馆的藏品资源所有人是全体人民，每个人都拥有所有权就意味着没有所有人。作为藏品资源的原始所有人，人民没有直接的收益权，没有足够的动力也没有足够的信息去监督代理人的行为。国家通过一条长长的委托链充当资源所有人，但是国家是通过政府官员来完成管理的。政府官员没有对开发权的利益索取权，因此他们也没有动力去设计激励机制并监督经理人的行为。其次是成本与收益不匹配问题。在以往的国有企业改革中就出现过这样的现象：将国有企业的决策权授予经理人，并提供分享奖金和利润的激励方案，鼓励国有企业在市场上自由竞争，但结果却出现了将价格压到边际成本以下的恶性竞争现象。原因在于尽管激励是以利益为基础的，但是国有企业的收入和成本都纳入中央预算，给经理人的激励和奖金很大程度上更依赖于销售收入而非成本，因为销售收入比销售成本更容易衡量。所以经理人为了得到绩效奖励，可以不惜成本去提高销售收入，造成如图4-2所示的企业实际利润比理想状态要低的恶性竞争局面。同时，由于经理人是短期聘用制的，他还可以通过一些技术手段，如低报固定资产折旧、拖欠银行贷款等，把生产成本分散到相当长一段时间，来提高自己在本阶段的业绩，如图4-3所示。

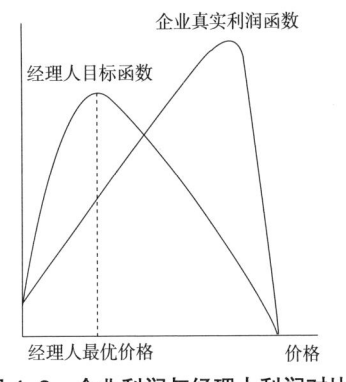

图 4-2　企业利润与经理人利润对比

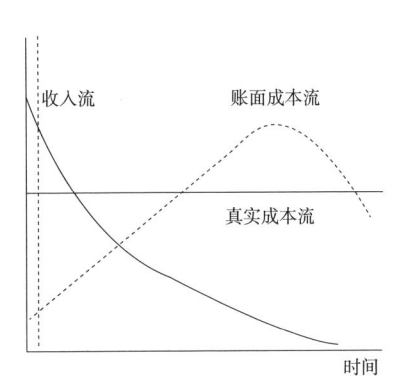

图 4-3　成本操纵行为

在国有博物馆藏品资源开发中，文创产品开发也面临着同样的问题。国家将文创开发权委托给国有博物馆，为鼓励博物馆进行文创开发，允许将部分开发收入以绩效工资或内部晋升的形式考核文创经营部门，考核的标准就是文创销售收入。为了争取获得更多绩效奖励，博物馆可以采取两种方法：一是不惜成本地降低价格以提高销售收入，反正文创开发的成本是国家财政拨款；二是通过操纵会计账目将生产成本分摊到更长的时间段，营造出盈利的账面效果。这两种方式都可以使博物馆短期内获得更多的绩效奖励，但从长远上看，并不能达到整个社会的帕累托最优。而国家作为所有权人，又没有足够的动力去监督博物馆的这些行为，所以就容易陷入国家激励总是不到位的僵局中。这样的论述并不是要改变藏品资源的所有权归属，而是提出在藏品资源所有权不变的情况下，将文创权独立出来并明确产权主体，才能真正做到"激励相容"。

五、文创开发收益分析

从文创权的初始分配来看，如果用行政的分配方式，就是政府直接将文创权委托给开发主体A，表面上看不需要任何投入，只需政府与A签订委托—代理协议即可。但实际上，想要得到文创权的并非只有A，还有B、C、D等，选择把文创权分配给谁，需要政府花费一定的时间成本和信息成本，同时，在这一过程中，最容易出现的问题就是寻租。由于藏品资源属于公共文化资源，所有权掌握在政府手中，个人要想取得文创权，必须经过政府的许可，而获取的方式就是通过各种非正常、非合法的方式向政府缴纳"租金"。这部分被作为"租金"缴纳的社会资源并没有用于创造有用的社会价值，而是被浪费掉了，也就是经济学中所说的"租值耗散"。我们假设有10个单元的社会资源被用于寻租，它所产出的社会整体效益为0。而如果采用市场方式进行文创权分配，企业A、B、C、D都想取得文创权，就必须通过市场竞争的方式来获取，竞争的方式有两种：一是通过技术研发降低成本，提高自身的资源开发能力，需要投入技术成本；二是通过获取更多更全面的市场信息和竞争对手信息，以便做出正确决策，需要投入一定的信息成本。而无论是技术成本还是信息成本，都是提升了开发个体自身的资源使用能力，因此这部分投入没有被耗散，而是转移到了社会效益中去。假定开发主体在初始配置中投入为10，加上价值增值部分，产出应该为12。

在取得文创权后，企业都需要投入经营生产。我们接下来分析行政和市场两种方式在经营生产环节的投入产出。无论是通过哪种配置方式获得的文创权，权利获得者都必须遵从市场经济的一般规律进行经营生产。所谓产业化生产，必须以营利为目的，而利润的来源有三个渠道。利润的第一个源泉是市场的不确定性。[1]因为市场是不确定的，投资就得承担风险，利润是对风险的一种补偿。如一件藏品资源，有些人预估它的市场开发能创造10万元的收入，有人预估能创造20万元的收入，于是纷纷投资开发，但实际上在产品投入市场后，可能会带来10万元收入，也可能是5万元的收入，甚至没有市场，这些都是不确定的。那些能够对市场做出准确判断、决策能力、管理能力都很强的人，就容易在市场上获得利润，这些人

---

[1] 此观点由美国经济学家弗兰克·奈特（Frank Knight）于1921年著的《风险、不确定性与利润》一书中提出，弗兰克·奈特认为，如果市场是确定的，你从消费者那里获得的所有收入，都将化成社会的机会成本，此时，产品价格等于成本之和，没有利润可言。利润来自于市场的不确定性。

就是企业家。利润的第二个源泉是创新。这是美国经济学家约瑟夫·熊彼特的观点。创新是指用同样的资源创造出更多的价值。在竞争的市场上,要么比别的企业生产成本更低,要么能够开辟别人所没有的蓝海领域,这些都需要进行创新才能做到。利润的第三个源泉是信任,即品牌力量。企业能够以自己长期积累的品质和信誉赢得消费者的信任,从而让品牌变成资本。

在取得藏品资源开发权之后,开发主体对藏品资源的开发主要有三种模式:一是自主经营;二是授权给其他主体开发;三是与其他主体合作开发。在授权开发和合作开发两种模式下,市场机制和行政机制在投入和产出方面并没有什么区别,都是通过合同与对方协商双方的投入与产出。假定通过行政方式获取文创权的企业 A 在授权中投入 1,获得产出 2,那么通过市场方式获得文创企业 B 的情况也和 A 一样。同样的道理也适合于合作开发模式。不同体现在直接开发领域,通过上述对利润来源渠道的分析,我们发现,开发主体 A 获取利润的能力,包括有远见卓识的企业家、企业的创新能力、企业的品牌信誉等,这些在产权初始分配中没有作为考虑因素,所以就不能保证。但这种情况也不是不可能的,如某一家被委托开发的博物馆在创造利润方面也是市场的佼佼者,但概率不会特别高。做出这样的判断还有其他方面的依据,包括政府不可能掌握完全信息做出正确的分配决策、委托—代理关系下开发主体 A 的激励不足等,所以我们假设开发主体 A 在直接开发模式下投入 10,其获得的产出很有可能是 2。而开发主体 B 由于一开始就是通过市场机制优胜劣汰筛选出来的,其获取利润的概率肯定会比 A 要大,但由于市场的不确定性,也不排除投资失败的可能,所以我们假定开发主体 B 在直接开发模式下投入 10,其获得的产出

为 8。总之，如表 4-2 所示，在资源既定的情况下，通过行政方式将文创权直接委托给开发主体 A，开发主体的投入为 24，产出为 9；而通过市场方式竞争取得文创权的开发主体 B，投入为 24，产出则为 27。由此可见，市场方式比行政方式在投入产出方面更有效率。

表 4-2　行政与市场分配方式的投入产出对比分析

资源配置方式	开发主体投入				开发主体产出			
	初始投入	直接开发	授权	合作	初始产出	直接开发	授权	合作
行政 A	10	10	1	3	0	2	2	5
市场 B	10	10	1	3	12	8	2	5

所以，在交易成本为正的情况下，在文创权的初始分配中，市场方式表现为公开资源，由市场竞争获胜者获取文创权，行政方式的表现为由政府直接委托开发主体获取文创权。这里分别对文创开发市场经营活动的三个产业链环节进行分析。首先是投入方式。文创开发投入主要是资金投入和人才投入，对于资金投入，行政方式主要是政府财政拨款，人才投入主要是人才内部培训和外部招聘，市场方式主要是灵活的项目合作团队，不一定有固定的科层组织。其次是经营方式。经营中主要面临的问题是信息不对称问题和激励相容问题，对于信息不对称问题，行政方式主要通过政府管制和法律制度来约束，市场方式则通过信号传递机制和信誉机制来约束；对于激励相容问题，行政方式主要通过绩效工资、内部晋升来约束，市场方式则通过股权分红的方式处理。最后是产出效益。行政方式可能会存在"租值耗散"、不利于创新的因素，市场方式则更多将资本投入市场运营和创新上。具体对比，如表 4-3 所示。

表 4-3　市场方式与行政方式的效率比较

对比项	市场方式	行政方式	效率评价
投入方式	多元化投资主体、多元化投融资体系	以政府财政支出为主，统一预算决算	市场方式效率更高
经营方式	以信号传递机制、信誉机制解决信息不对称问题	以政府管制和法律制度来规范市场行为，设置行为底线	市场方式更适合文创领域的特点规律
	以股权、分红的形式来解决委托方—代理方利益冲突问题	以绩效工资、内部晋升的方式来解决委托方—代理方的利益冲突问题	
产生效益	靠竞争取得初始配置，靠战略、创新、品牌获得利润	靠关系、寻租、资质获得初始配置，靠执行计划获得利润	市场方式交易成本更低，效率更高

综合比较的结果是，市场方式在国有博物馆藏品文创权初始分配中是更有效率的分配方式。

第三节　数字时代文创权分配效率的提升

互联网时代，伴随着 5G、大数据、云平台等技术的不断发展完善，网络空间逐渐成为与现实空间并存的另一空间形式，也由此带来了资源配置方式的变革和资源配置效率的提升。中国互联网信息中心发布的第 42 次《中国互联网络发展状况统计报告》的数据显示，截至 2018 年 6 月，我国的网民数为 8.02 亿人，移动互联网网民数为 7.88 亿人。中国庞大的互联网群体具有明显的数据生态优势，为资源配置方式的变革创造了条件。例如，在广东白云山机场，边缘计算与云计算的结合，让乘客一旦进入机场

就能够通过人脸识别知道你是谁、可以为你提供什么样的服务，人脸识别成为资源配置的入口，使整个社会的资源配置效率大大提升。

一、网络空间与文创开发效率提升

网络空间可以把物理空间与社会空间中物与物、人与物和人与人之间的关系映射出来，为知识的创造、转移和应用创造新的条件，为现有生产力和生产关系的重构奠定了基础。从文化资源配置的角度来看，网络空间的发展和数字经济时代的到来，让互联网平台成为资源配置的主导者，"互联网平台＋服务＋中小微和新创企业"成为新经济的基本组织形态。更为重要的是，网络空间发展带来的数据和计算优势不仅能够使资源配置不受地点、空间的限制，而且能够使市场、企业和政府之间在资源配置中发挥优势互补作用，共同对文化资源进行有效配置。

很多博物馆开始通过互联网平台提升文创开发效率。2016年6月，苏州博物馆与聚划算合作，推出"型走的历史"主题活动，该活动联合三家服装品牌，从苏州博物馆的建筑、藏品以及教育成果中提炼元素进行设计，融入古典美学与现代时尚，推出独具苏州博物馆特色的系列服饰24款，其中10款在聚划算首发。72小时内，这些"充满文化情调"的T恤和连衣裙引发6万多文艺青年热抢。由茵曼设计打造的唐伯虎《漫兴》合作款T恤，采用唐伯虎七律真迹《漫兴》结合现代水印厚板工艺呈现水墨感；而售价仅98元的初语秋装新品苏博书画长袖T恤，则将贝聿铭的山水与浮世绘交织设计，相映成趣，受到了年轻消费群体的欢迎。淘宝官方网站三天点击量超过80万，并完成了2000多单的订单，多款文创产品线上售空断货。"博物馆的文创产品需要借助互联网电商平台，电商平台的专业与博物馆的文创资源强强联合，才能优势互补。"苏州博物馆馆长陈瑞近先生这样说道。

2017年，国家博物馆牵手阿里巴巴，搭建"文创中国"线上平台，这是专门为博物馆IP资源解决设计、投资、生产、销售、推广等问题的平台。"文创中国"平台包括"云设计中心"和"文创超市"两部分。国家博物馆将馆藏品的高清图片、扫描图片、文字研究结果、单位的商标和品牌等资源在平台公布，同时，面向全国文博单位开放，由文博机构提供馆藏文物IP授权，由国家博物馆牵头将资源推介给国内外优秀的设计师，继而将设计方案与有实力的投资者对接，生产出的优质产品则直接在"文创中国"平台销售，各机构获得分成。"文创中国"的商业运营模式，如图4-4所示。

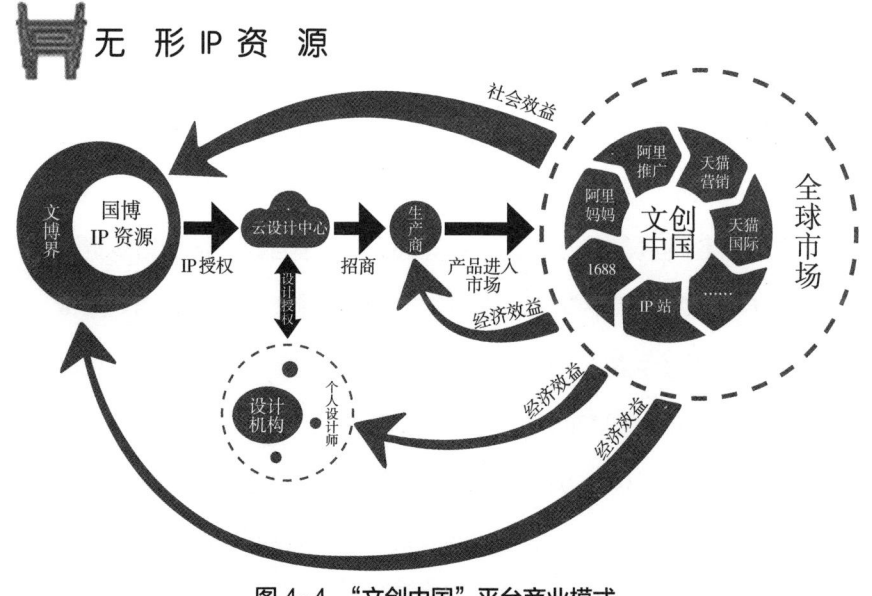

图4-4 "文创中国"平台商业模式

国家博物馆副馆长李六三表示,"虽然国家博物馆每年有 670 万的观众,但是对于市场来说还是太少了。所以我们踏出了转型的一步,就是在天猫上开了一个中国国家博物馆的旗舰店,用户突然间由 670 万的观众扩大到数亿网民的范围,好处是突破了销售瓶颈。但是随之而来的是产品不够丰富,因受产量的影响,可能价位也未让消费者感觉到物有所值。那怎么办,我们跟阿里巴巴合作,看好的是阿里巴巴的三大资源:推广、销售和引流,我们负责提供馆藏 IP 及相关研究成果"。(内容表述稍有整理)

二、"云平台"与文创开发效率提升

新冠肺炎疫情的出现,让很多博物馆开启了"云"模式,"云上看展""云游故宫"等项目陆续推出,文创领域"云平台"也得到更多的普及和推广。2019 年年底,山东博物馆文创智造云平台推出"鲁博手礼",平台集线上交易、线下智慧生活馆、原创产品设计转化中心于一体,让用户真正实现了"把博物馆带回家"。平台甄选出全国 100 名设计师、20000 名大师级非遗传承人、300 余家供应链制造企业,为博物馆数万件馆藏作品进行设计升级、数据运算、流程再造,全力打造鲁博文创品牌。平台公布部分馆藏资源文化元素,如稀世珍品商代甲骨文、西周金文青铜器颂簋、殷商青铜亚丑钺、失传 1700 年的《孙子兵法》等,用户只需用手机一扫就可定制上百款产品,包括冰箱贴、国潮鞋、餐桌布、抱枕等,实现了把"博物馆带回家"的愿望。

各博物馆在平台构建方面的尝试,说明文创开发平台化在提高资源配置效率方面占有显著优势,也是互联网时代博物馆资源开发利用的必然趋势。然而,目前各博物馆的零星尝试并没有从根本上解决博物馆馆藏资源分散、

第四章　博物馆资源开发的产权分配效率

设计人才急缺、文创产品加工制造企业少、文创产品销售渠道单一等问题，从整体上看博物馆馆藏资源开发的交易成本依然居高不下。而且从理论上讲，目前各博物馆自己成立的文创平台并进行授权开发这一行为还是默认了博物馆对馆藏IP享有著作权，这是行政分配方式在文创权领域的具体表现，并不是最有效率的博物馆馆藏资源配置方式。如果能够在全国范围内成立统一的公共交易平台，并将所有博物馆的馆藏IP在平台上进行公开，将会解决很多博物馆，尤其是中小博物馆在文创开发中面临的设计人才、销售渠道方面等困境，大大提升博物馆馆藏资源的配置效率。

CHAPTER FIVE

第五章

博物馆资源开发的产权分配公平

达尔哈特是成吉思汗陵的守陵人，自成吉思汗去世后，达尔哈特的后代一直从事专门的祭祀活动，每年要进行 30 多次祭祀，形成了古老而固定的祭奠程序，如祭天、敬献花束、敬献哈达、敬献鲜奶、祭灯、祭酒、献羊背子等。800 年来他们为成吉思汗守陵的故事家喻户晓，他们的任务是专门管理成吉思汗陵的守护和祭奠事宜，他们按照成吉思汗遗训，永远不担任任何官职，也不负担官差徭役，生活来源主要靠参加祭奠活动的蒙古人的施舍。在成吉思汗陵开发成旅游项目后，500 户达尔哈特的后代认为只能由他们来开发这项旅游。其他蒙古人则认为，成吉思汗是整个蒙古族的英雄，是全民族文化不可缺少的一部分，因此，整个蒙古族的人都可以从事成吉思汗陵的旅游开发。这在当时引起了相当大的争论。目前，成吉思汗的祭典仍由达尔哈特人主持,成吉思汗陵园周围的旅游开发则由管理部门承包给商户经营。这个问题的核心在于,作为文化遗产的成吉思汗陵被以文化资源的形式开发并能够产生收益时,如何能够在资源分配中做到公平合理。

第一节　文创权初始分配的公平评价标准

相比效率而言，公平同样是文创权初始分配方式选择重要的衡量指标，甚至是更具优先性的指标。文创权初始分配公平，是藏品所有者将文创权分配给不同使用主体时采取公平的分配方式。国有博物馆的藏品属于公共文化资源，是人类共同的财富，通过对文创权合理的分配，保证更多有意愿、有能力对藏品进行文化创意开发的人参与进来，是保证公民作为藏品所有者的基本权利，也是促进博物馆文创市场繁荣发展、藏品价值得到更大程度发挥的前提条件。行政和市场两种分配方式，哪种更有利于文创权初始分配公平的实现，是本章重点研究的问题。

一、产权初始分配公平的界定

关于公平，从不同的角度出发可以有不同的诠释版本。古希腊智者卡克勒斯（Callicles）认为优者比劣者多得、强者比弱者多得是公正的。柏拉图（Plato）将公平等同于正义。亚里士多德（Aristotle）认为遵守法律就是公正，违法则是不公正。现当代影响最大的公平观，一是约翰·罗尔斯（John Rawls）在《正义论》中提出的，使境况最糟的人效益最大化就是最公平的。约翰·罗尔斯提出"社会正义"："对我们来说，正义的主要问题是社会的基本结构，或者更准确地说，是社会主要制度分配基本权利和义务，决定由社会合作产生的利益之划分的方式。所谓的主要制度，我

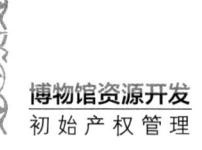

的理解是政治结构和主要的经济和社会安排。"❶ 二是邓肯·弗利（Duncon Foley）的公平观，邓肯·弗利对公平的定义是："如果在一种分配状态下所有人都不妒忌别人的话，这一分配是公平的。"❷

分配公平，或者说产权分配公平，是公平的一部分。按照亚里士多德的观点，公平即正义，正义可分为分配正义、报复正义和矫正正义。分配正义是对社会中的基本权利，也包括社会成员之间的社会经济利益关系进行安排和调节。托马斯·霍布斯（Thomas Hobbes）对分配正义的论述是："自然法是根据将按理应属于各人的东西平等地分配给每一个人的法则而来的。遵守这一自然法就谓之公道。正像我在前所说的，这也称为分配的正义。"❸

结合以上分析，本书认为，产权分配公平是指在经济活动中按照一定的标准对主体间的经济利益关系进行调整，以尽可能达到各方都满意的行为。产权分配的主体只能是政府，只有政府才有能力对全社会的资源在不同主体之间进行分配。另外，产权分配中所涉及的经济利益，不止于有形的物质利益，还包括无形的资源开发权利、获利权利、生产关系调整等，涉及政治法律、意识形态和伦理道德，物质利益只是较低层次的利益。文创权及其所涉及的有形和无形的利益也在调整的范围内。

二、文创权初始分配公平的界定

文创权初始分配，是国家文物主管部门代表政府在对国有博物馆的藏品资源进行梳理核定的基础上，决定有哪些资源可以用于文创产品开发，

---

❶ 约翰·罗尔斯.正义论［M］.何怀宏，等译.北京：中国社会科学出版社，2009：5.
❷ FOLEY D.Resource Allocation and Public Sector［J］.Yale Economic Essays，1967（7）：45-46.
❸ 托马斯·霍布斯.利维坦［M］.黎思复，黎廷弼，译.北京：商务印书馆，1985：118.

第五章　博物馆资源开发的产权分配公平

并将资源开发权从国家层面转移给市场主体。文创权的初始分配不仅关系到各参与主体之间的利益分配，也是形成文创产品开发市场的前提条件。文创权初始配置公平，是政府在将文创权授予不同开发主体、分配相关经济利益时所体现出来的平等公正。从逻辑关系上看，初始配置关系着能否实现文物资源活化利用的最终目的，初始配置公平关系着文创权初始配置能否顺利完成这一重要任务。

实现文创权的初始分配公平需要考虑以下三个方面的因素。

（1）文创权初始分配追求的是哪种公平？公平是一个相对的概念，在不同历史阶段和不同领域对公平有不同的要求。由于文创权是在对博物馆藏品资源进行市场化开发中所形成的权利，属于市场行为，因此体现的是经济公平。经济领域的公平表现为市场行为当中所体现出来的规范化、程序化的原则和机制，主要是公平竞争机制，具体包括竞争起点公平、过程公平和结果公平。文创权的初始配置所指的公平是竞争起点公平，保证所有的参与主体都能在平等的起点上得到利用博物馆公共文化资源开发文创产品的权利，至于过程公平和结果公平则不在初始产权配置的考虑范围内。

（2）文创权初始分配形成的是"谁的公平"？文创权的不同分配代表着文创开发利益在不同主体之间的分配，涉及的利益主体包括政府文物主管部门、博物馆、开发企业或个人，不同主体对待公平的视角不同，得到的结论也有很大区别，文创权初始配置代表"谁的公平"至关重要。如果将文创权直接赋予博物馆，则对其他开发主体来说是不公平的，而如果通过竞争的方式获取文创权，对于藏品资源的保管机构博物馆而言，如果得不到适当补偿，也意味着不公平。因此，界定公平的归属主体是确定公平评价标准的前提。本书将文创权初始配置的公平界定为社会的整体公平。

（3）文创权初始分配追求的是怎样的公平？西方经济学形成三种主流公平观。❶ 一是功利主义公平观，属于福利经济学的观点，对公平的衡量标准是社会所有成员效用最大化。二是能力主义公平观，由阿玛迪亚·森（Amartys Sen）提出，主要内容是将满足人的需要作为衡量判断公平的基础，注重发展中国家和人的基本能力培养以实现公平。三是自由主义公平观，主要观点是竞争性市场导致的结果必然是公平的，因为市场能够奖励能力和勤奋，竞争性均衡配置是最公平的。由于文创权是一种基于文化遗产衍生出来的权利，而文化遗产属于全人类的财富，因此文创权初始配置中所追求的公平应该是基于整个社会角度去考虑的，是所有社会成员的公平，因此在性质上更接近功利主义公平观。

三、文创权初始分配公平评价指标

基于以上分析，文创权初始分配公平实质上是经济领域围绕博物馆文物资源文创开发所形成的公平竞争机制，要赋予全社会有意愿从事文创权开发的主体通过公平竞争取得文创权的平等机会。公平的衡量标准可以概括为起点公平、机会公平和结果公平。结合博物馆文创开发，追求结果公平意味着所有人取得同样的收益，"平均主义大锅饭"显然缺乏激励机制，会挫伤开发主体的工作积极性。起点公平和机会公平是适用的，在起点、机会都平等的情况下，不同开发主体争取文创开发权的过程中，通过事前的、公开的和明确的规则，确保那些自身能力强、付出

---

❶ 彭海斌．公平竞争制度选择［M］．北京：商务印书馆，2006：49-50．

努力更多的主体能够得到更多的开发权益，是符合全社会关于公平的价值观取向的。

总之，起点公平、机会公平、结果公平都是文创权初始产权配置应该追求的目标，其中，起点应该是平等的，机会应当是均等的，而结果则应当是"对称性的"，即付出和贡献与结果的对称。因此文创权初始分配公平，可以从资源占有公平、竞争机会公平、竞争规则公平三个维度去衡量。

第二节 文创权初始分配方式公平评估

一、资源占有公平

（一）资源占有公平的理论依据

首先分析文物资源国有化的初衷。我国《著作权法》规定，个人著作权的保护期限是50年，50年后作品归国家所有。《文物保护法》明确规定，文物资源归国家所有。法律之所以这样制定，是因为文化遗产是全人类共同的财富，是一个时代集体文明共同创造的成果，它记录的是整个社会在某一时期的文明成果和艺术造诣，归属于任何机构、组织或个人都是不合理的。如故宫收藏的各种"釉彩大瓶"，集青花、钧瓷、汝瓷、哥窑等各种工艺于一体，体现了中国古代制瓷工艺的顶峰，是集体文明的产物，很难说其归某个人所有。对于文物归出土国所有，联合国教科文组织是这样解释的："文化财产是国家文明和民族文化的基本组件，它们的价值和更完整的信息只有

博物馆资源开发
初始产权管理

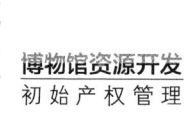

在其起源的历史环境和传统背景下才能更好地被体会。"[1] 文化遗产能够为归属国带来文化旅游经济效益，提高国民的文化自尊心和自豪感，提升民族凝聚力。因此很多国家和地区出台法律，规定文化遗产归国家所有。换句话说，文物归国家所有，是为了更好地发挥文化遗产在传承历史文化、提升民族文化素养方面的作用。对文物进行文化创意产品开发也是发挥文化遗产作用的重要途径，因此需要将这些公共文化资源公开给全社会所有。

在法律制定规则方面，共有资源归全社会所有是全世界的共识。"在共有的财产面前，所有人都是平等的"，这也是自然法遵循的基本规则。托马斯·霍布斯认为根据自然法则可以推出另一法则："不能分割之物如能共享，就应该共享，数量允许时，应不加限制；否则就应当根据有权分享的人数按比例分享。因为不像这样分配就会不平均，与公道相违。"[2] 约翰·洛克认为："对于无主的外部资源，只要加入了自己的劳动而又为他人保留了足够多和同样好的东西，便可以据为己有。"[3]

在自然法准则下，世界上越来越多的博物馆都意识到，文物艺术作品是全人类的财富，博物馆只是代管者，于是纷纷将文化资源向全社会开放。如一些博物馆加入 Creative Commons（知识共享协议）[4]，向全社会开放馆藏资源图像下载，华盛顿美国国家美术馆、美国现代艺术博物馆、洛杉矶盖蒂博物馆都加入了此协议。2017年2月，纽约大都会博物馆宣布按照

---

[1] 以上表述出自1970年巴黎会议中，联合国教科文组织通过的《关于禁止和防止非法出口文化财产和非法转让其所有权公约》。
[2] 托马斯·霍布斯.利维坦[M].黎思复，黎廷弼，译.北京：商务印书馆，1985：118.
[3] 约翰·洛克.政府论（下）[M].叶启芳，瞿菊农，译.北京：商务印书馆，1964：19.
[4] Creative Commons，简称CC，是一个非营利组织，也是一种创作授权方式，此组织以知识共享为目的，旨在促进创意作品的流通。版权持有人提供数种组合自由的版权协议，以应用于作者在网上发布的内容。CC0是其中的一种，即不保留任何权利的授权协议。

CC0协议，将其收藏的37.5万件藏品的高清图像资源免费向公众开放版权。荷兰国家博物馆目前已有超过15万张高清图片向公众开放，观众们不仅可以免费下载，还可以将图片用于再创作，如印在T恤上、喷绘在车子上、做成手机壳等。馆长维姆·贝维斯（Wim Pijbes）表示："博物馆藏品应该属于公共领域，任何人都可以自由使用，至少在文化用途方面。"2017年7月，台北"故宫博物院"免费公开7万张典藏文物图像供商业使用，希望借此扶持文化创意产业相关厂商，通过图像授权让更多文创厂商以台北"故宫博物院"典藏资源为创意源泉，并实际应用于产品开发，增加台北"故宫博物院"文化品牌竞争力。可见，文物资源向全社会提供公开利用是未来全球发展的总趋势，虽然现在基于技术及管理等因素还未必能完全做到，但开放的范围在不断扩大，正在向理想化状态迈进。现实未能实现并不能否认其合理性及未来实现的可能性。

文物资源向全社会开放，并不意味着每个人可以无限制地利用。对于文化创意产品而言，市场空间是有限的，每个人都去从事文化创意产品的开发，势必会造成恶性竞争和资源浪费。从生产进步和效率提高的角度来看，市场机制会允许那些具有较高能力、较强意愿的主体使用更多的资源，能够更有效地发挥文物资源的利用价值，创造出更多的社会财富。在资源公有的情况下，如何保证所有人起点公平，行政配置方式和市场配置方式采用的是不同的做法，对资源公平使用所带来的效果也是不一样的。

（二）行政分配实现资源占有公平的方式

行政分配方式对文物资源文创开发权的分配主要采用下达计划指令和委托—代理的方式，政府文物主管部门直接将文创权指定给特定的机构或个人，一般是文物所在的博物馆。分配的方式有两种，一种是平均分配，另一种是按照某种标准分配。平均分配显然是不可能做到也没必要的，文物属于全社会，但并不是每个人都有开发文创产品的意愿和能力。按某种标准分配又分为几种情况，包括按需分配、按劳分配、按能力分配、按资质分配等。目前政府部门主要采用的是按资质分配，综合考虑博物馆的行政级别、藏品数量、客流量、知名度等，决定将文创权分配给哪个博物馆。

2017年1月，国家文物局公布154家文化文物文化创意产品开发试点单位，其中有95家博物馆，在政策上允许这些试点单位从事文化创意产品开发，探索文创开发新模式，这就是行政资源配置方式在文创权初始分配中的具体表现。国有博物馆作为财政全额拨款的公益事业单位，如果没有政策的允许，其藏品资源是不能用来进行文创开发的，只有取得文化文物试点单位资格的博物馆才有从事文创开发的资质。同时，2016年国务院发布的《关于推动文化文物单位文化创意产品开发的若干意见》赋予博物馆开展授权的权利，社会力量和个人如果有意愿从事文物资源的文创开发，需取得文物所在博物馆的授权，否则按侵权处理。95家试点单位的区域分布，如图5-1所示。

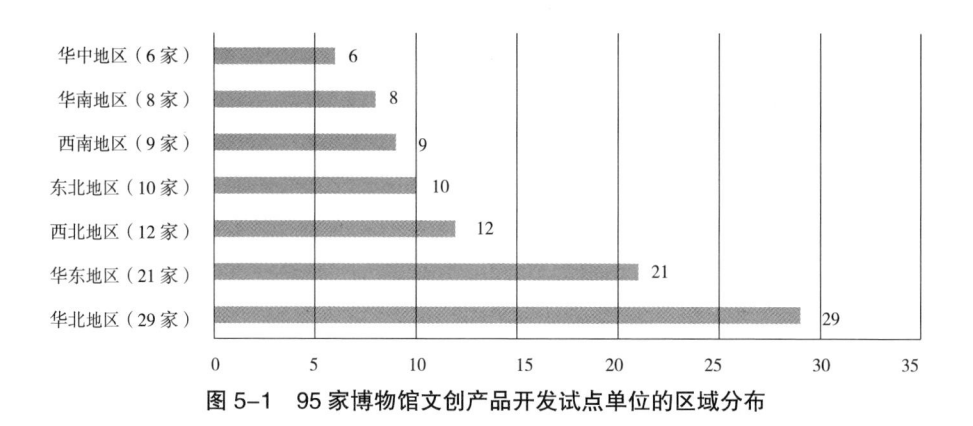

华中地区（6家）	6
华南地区（8家）	8
西南地区（9家）	9
东北地区（10家）	10
西北地区（12家）	12
华东地区（21家）	21
华北地区（29家）	29

图5-1　95家博物馆文创产品开发试点单位的区域分布

从分布图来看，95家试点博物馆中，华北地区数量最多，共29家，华中地区数量最少，仅6家。而在华北地区的29家试点中，有25家来自北京，这一数字占到试点单位总数的26.3%，占华北地区试点单位总数的86.2%，这样的分配是否公平，尚值得商榷。

（三）市场分配实现资源占有公平的方式

市场分配方式对文化文物资源文创开发权的分配主要采用资源公开、公平竞争的方式，政府将能够开发的文化资源在公共资源交易平台上发布，有意愿使用这些资源的团体和个人都可以通过申请或授权取得资源使用权。政府分配文创权的依据主要是申请者的市场开发能力、社会服务能力、开发方向和用途等，制定公平的竞争规则，那些综合能力强、开发意愿强，能够在竞争中获胜的团体或个人将取得文创权。

目前，国内市场分配方式的雏型有两个。2016年1月，国家版权交易中心和中国国家博物馆共同发起成立"中国文博知识产权交易平台"，面向全国博物馆、美术馆、艺术馆、文化馆、纪念馆、非遗中心等文博机构提供文博知识产权集中交易、集中转让、快速转化等服务，是国家级公开市场交易平台。平台由资源、体系和社区三部分构成。资源是指上游文博机构和下游的应用厂商；体系主要是指平台的文博知识产权确权体系及文博商品的认证体系；社区主要是指设计师社区和经纪人社区。文博机构可以将待开发资源在平台上发布，平台对资源进行知识产权确权体系，设计师、经纪人和应用厂商在通过系统审核后，都可以选择合适的项目进行开发运营。

纯市场化运营的平台有成立于2016年5月的阿里鱼。阿里鱼是阿里

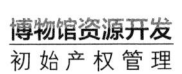

巴巴旗下的在线版权交易服务平台，为国内外版权方和优质品牌商家，提供一站式互联网授权方案。阿里鱼以阿里大数据匹配为核心，包括授权交易、授权管理、联合营销、在线销售、自动分账等服务。博物馆作为版权方，可以向阿里鱼提供待开发资源，阿里鱼通过大数据从平台登记注册商家中找到相匹配的开发方，版权方和开发方通过阿里鱼进行授权和付费。在文创商品开发出来后，通过阿里巴巴旗下的天猫、聚划算、淘宝等电商平台进行营销销售，构成全产业链一站式服务平台。目前，阿里鱼已经与故宫博物院、大英博物馆、梵·高博物馆、中国国家博物馆等国内外知名博物馆开展合作，进行超级 IP 授权。阿里鱼在线授权模式，如图 5-2 所示。

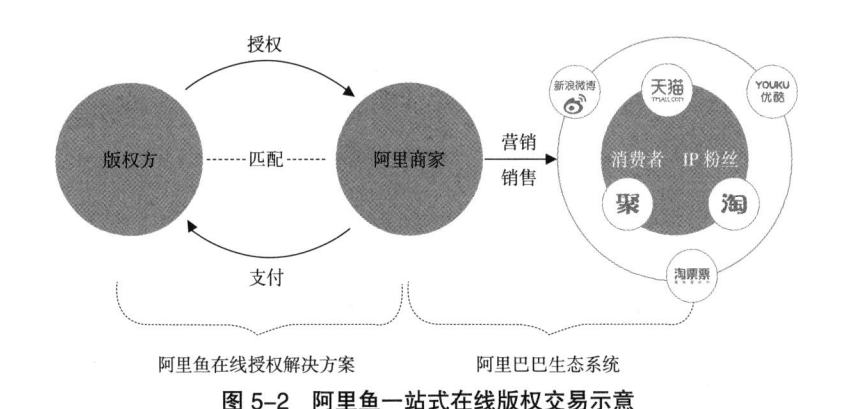

图 5-2 阿里鱼一站式在线版权交易示意

（四）两种分配方式在资源占有公平中的比较分析

从资源占有公平角度来看，相比于行政分配通过行政命令方式取得文创权，市场分配方式更能够体现公平原则。两种分配方式各有优点，在文物资源由国家统一管理的情况下，政府对国有博物馆的馆藏资源、开发能力等综合实力有最直接的掌握，直接决定谁拥有开发权，能够有效调动博物馆资源，降低交易成本。但存在的不公平问题更明显，首先从参与的广泛度来看，行政分配将除指定博物馆外的其他博物馆和社会力量都排斥在了文创权之外，对于公共文化资源而言，这本身就是不合理的。其次从决策的制定来看，决策制定的依据是政府管理人员对博物馆和市场的整体判断，由于信息不完全性等问题，政府的决策判断失误概率受决策者的能力、经验、价值观等因素影响，随机性比较大，对被授权者而言是不公平的。最后从政府的角度来看，由于初始分配权掌握在政府手中，设租寻租、诱发腐败的可能性比较大，尤其是在初始分配领域，分配的不公平将直接带来全社会范围内更大的不公平。

市场分配方式也存在不公平的问题，在初始分配领域主要表现为"公地悲剧"，一是在缺乏约束的条件下，过多的人进行文创产品开发，造成文物资源的过度使用，引发市场虚假繁荣或者市场供给过剩；二是对国有文化资产评估不科学，缺乏有效的行为监督和约束机制，造成无形资产的流失和文化品牌的损失。但"公地悲剧"的问题可以通过规范产权交易市场来解决，明确产权主体，界定产权权益范围，制定明确的产权交易规则，可以有效避免"公地悲剧"。而从参与的广泛度、决策的科学性等考察维度来看，市场分配方式均比行政分配方式更能体现公平原则。

二、竞争机会公平

（一）竞争机会公平的理论依据

机会平等是现代西方民主国家的重点研究课题之一，目前形成的主流观点有两种：第一是社会应该构建公平竞争的环境，使每一个具有相似潜能的人都有资格去竞争职务；第二是约翰·罗默（John Roemer）的"非歧

博物馆资源开发
初始产权管理

视原则"，即在社会某职务竞争中，凡是符合职位所需相应才能的人都应该成为合格的候选人，并且个人是否获得职位只能根据他是否具有相应的才能来判断。[1] 针对"非歧视原则"，约翰·罗默构建了机会平等公式：$u(c, e, p)$，u 表示个人的行为结果，受到三个变量的影响，c 代表一系列社会环境，e 代表个人努力程度，p 代表政策。约翰·罗默认为，影响个人的境遇分为两种情况：一种是出身、地域、社会环境等不可控的因素；另一种是个人在机会面前的努力程度。对于前者，可以通过社会资源分配达到公平，对于后者，则需要社会赋予成员同等的可及能力。在机会公平的条件下，个人境遇结果的不同仅仅反映个人努力程度的差别。

结合机会平等的理论及国有博物馆文创开发实际，本书构建了文创竞争机会公平考核指标体系，如图 5-3 所示。文创权初始产权配置的机会公平主要包括两个方面：一是使具有文创开发意愿的所有团体、个人都拥有开发的机会；二是在具体开发中，能够让开发者的潜能得到激发，使相同努力程度的开发主体在福利待遇上尽量平等。因此可以将竞争机会平等分为两个考量指标：一是营造公平竞争环境；二是赋予开发主体同等可及能力。营造公平竞争环境这一指标可以进一步分解为是否能允许不同主体在生产要素获取、税收负担、政策待遇三个方面享受同等待遇。在文创开发中赋予开发主体同等可及能力涉及资源挖掘能力、设计研发能力、经营管理能力，对资源挖掘能力的考量主要从对资源的知晓权入手，设计研发能力从人才、技术、市场角度考核，经营管理能力则从市场化程度、经营方式去考核。

---

[1] ROEMER J E. Equality of opportunity [M]. Cambridge: Harvard University Press, 1998: 1.

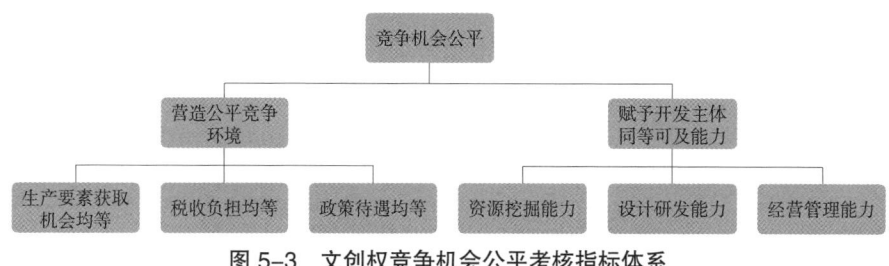

第五章 博物馆资源开发的产权分配公平

图 5-3 文创权竞争机会公平考核指标体系

（二）行政分配实现竞争机会公平的方式

接下来分别从营造公平竞争环境和赋予开发主体同等可及能力两个方面分析行政和市场两种分配方式如何实现竞争机会公平。在营造公平竞争环境方面，行政分配方式主要通过三种方式实现公平：一是资源初始配置，给那些资源较少、开发能力较差的主体额外的补偿。如中小型博物馆在从事文创产品开发时由于资源禀赋和地理位置的不可控的客观因素，造成客流量较小，文创市场较小，必然出现研发成本高、市场风险大等问题，政府给这些博物馆适当补偿以鼓励其文创开发行为。二是给所有开发主体同样的税赋。三是给所有开发主体市场上同等竞争的政策待遇，包括市场准入与退出、项目申请、投融资政策等。

在赋予开发主体同等可及能力方面，涉及文创产品产业链的全过程，包括开发主体的资源挖掘能力、设计研发能力、经营管理能力，涉及的关键因素是对文物资源的知晓权、人才、技术、市场、经营方式等。这方面在现实中存在很多不平等，如博物馆对文物资源享有优先知晓权，如果博物馆不整理公开，很多文物资源就只能处于闲置状态。而在市场化程度和经营方式上面，很多社会企业比博物馆更有竞争优势。对于这种竞争能力的不均衡状况，行政配置方式主要采用公益讲座、培训、绩效考核等方式

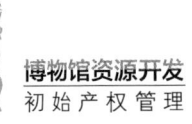

提升文物资源在全社会的知晓度，提升博物馆的市场经营能力。

（三）市场分配实现竞争机会公平的方式

在营造公平竞争环境方面，市场分配方式主要采用招投标的方式公开竞争，由对生产要素掌握最多、开发能力最强的开发主体获得文创权。如阿里鱼版权交易平台，将待开发文物资源信息在平台上公布，由阿里鱼通过大数据分析，筛选出开发资质最好、资金最雄厚、市场信誉最高、最具开发经验的团队或个人进行开发。从博弈论的角度来分析，招投标的过程实际上是招标者与投标者之间的一场不完全信息博弈。拍卖人只根据生产成本和预期利润知道自己可以接受成交价格，并不清楚竞争对手的报价，并由此判断自己的报价取得拍卖品的概率，拍卖人只知道拍卖品真实价值的概率分布函数，不知道每个投标者的投标价格。博弈包括拍卖方与投标方之间、不同投标方之间的策略选择博弈，这场博弈要想取得贝叶斯均衡，需要有尽可能多的投标人，投标人越多，投标者所付出的价格就越低，当投标人趋于无穷时，招标者所付出的价格将几乎等于中标者的真实生产成本。因此，让更多人加入竞标是招标者的利益所在。❶

在赋予开发主体同等可及能力方面，市场分配方式所采用的是信息中介和平台交易的方式，通过信息服务市场等二级服务平台的完善，建立资源的合理流动机制。如将关于某物文创产品开发的所有信息在平台公布，有些信息是免费提供的，包括可供开发的文物资源、设计师、开发企业的

---

❶ 关于招投标中的贝叶斯均衡分析，参见符绍强.国有产权交易博弈分析［D］.北京：首都经济贸易大学，2006.

基本资料，有些信息需要通过进一步交易才能够获得，并根据信息的价值决定信息交易的价格。通过信息交易使人才、资源、技术等信息流动到最有开发意愿和能力的开发主体那里。

（四）两种分配方式在机会公平上的比较

结合以上分析，对行政和市场两种分配方式在实现文创权竞争机会公平方面的作用情况进行分析，整体上来看，两种分配方式都有助于机会公平的实现，但行政分配方式更有利于营造公平竞争环境，而市场分配方式在培育开发主体能力水平方面作用面更广。两种分配方式在实现竞争机会公平方面的比较分析，如表 5-1 所示。

表 5-1 两种分配方式在实现竞争机会公平方面的比较分析

分配方式	竞争机会公平		开发能力公平	
	作用方式	评价	作用方式	评价
行政方式	补偿资源弱势主体、税收负担平等、政策待遇平等	合理运用行政配置方式更有利于实现竞争机会公平	公益讲座、培训、绩效考核	两种方式互为补充，市场配置方式作用面更广
市场方式	招投标，公开竞争		信息中介、投融资市场等二级服务平台交易	

从竞争机会公平的角度来分析，行政分配方式应该更能够保证机会平等。因为市场分配方式存在市场失灵问题，而且追求利益和更大回报是市场的本性，市场会自觉将资源配置到禀赋和能力更强的开发主体当中，那些拥有成熟开发模式、资本雄厚的企业将获得更多的开发资源，并逐渐

149

形成规模效应和品牌效应，出现强者越强、弱者越弱的"马太效应"，无法保证所有开发主体都能够取得平等的开发权利。而在营造公平竞争环境、赋予开发主体更多开发能力方面，行政配置方式通过政策制定、税收调节、市场准入等方式进行调节，显然更能够实现全社会范围内的竞争公平。但行政配置方式存在不透明性，如果权利运用不当，通过特权、寻租等方式将资源配置到特定开发主体，将会引发更大程度的社会不公平。

目前竞争机会公平的主要问题是，如何保证国有文化企业和民营文化企业获得同样的竞争机会，如何保证社会力量和个人在从事文创产品开发中能够取得与博物馆同样的资源知晓权和开发权，如何保证中小型博物馆的藏品资源能够和大型博物馆有同等的开发权。行政分配方式是解决这些问题的关键工具，但同时，不合理的行政分配方式所造成的体制机制障碍，也是目前文创开发领域竞争机会不公平的制造者。行政分配方式的改革是竞争机会公平的必然实现路径。

三、竞争规则公平

（一）竞争规则公平的内涵

竞争规则公平是指各竞争主体在取得公平竞争的机会后，抛开能力、实力差异及其他偶然因素的影响，通过规则的制定保证竞争各方胜负的概率相等。亦即在规则公平的前提下，各竞争主体仅凭借自身能力、实力、机遇来获胜。如所有的高中毕业生参加高考的机会是平等的，同时高考的考试规则和题目也都是平等的，这样才能保证考生考上大学的胜负概率是相等的。再如彩票之所以能够被社会所公认，是因为它有公平的竞争规则，能够保证所有买彩票的人中奖的概率是相同的。竞争规则是一套刚性合理的规则，规定竞争的方法和程序，保证竞争行为的顺利进行。

竞争规则公平是约翰·罗尔斯所说的"形式正义"和"程序正义"的结合。约翰·罗尔斯在《正义论》中将正义分为实质正义、形式正义和程序正义。其中形式正义是指一套由法律和制度组成的公共规范体系，用这套体系来规范和调整人们之间的权利、义务和利益分配。约翰·罗尔斯认为："这种对法律和制度的不偏不倚且一致的执行，不管它们的实质性原则是什么，我们都可以把它们称为形式的正义。"[1]而程序正义则是实现结果过程中保证对每个人的一致。约翰·罗尔斯认为，程序正义和形式正义是相对于实质正义而言的，它们能够保证实质正义的实现。原因有二：一是程序正义是实质正义实现的过程，人们依靠直觉来实现正义的结果往往是不可靠的，而如果有明确的程序，则能够保证不管任何人做出任何选择，都能够实现正义的结果；二是程序正义可以作为衡量实质正义的标准，由于正义的结果并不总是非常明确，所以正义的实现与否也就变得模棱两可，而程序正义可以制定明确的标准和衡量指标，保证实质正义的实现。

基于以上分析，竞争规则公平所包含的内容应该有三个方面：①竞争中立的价值观，保证对所有竞争主体一视同仁的态度；②竞争规则制定过程中所有相关主体的平等参与；③竞争规则的强制执行。其中①和②属于形式正义，③属于程序正义。

---

[1] 约翰·罗尔斯.正义论[M].何怀宏，等译.北京：中国社会科学出版社，2009：45.

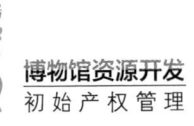

（二）竞争规则公平的评定

市场无法制定竞争规则，竞争规则只能由政府部门来制定。因此本部分讨论的是政府主管部门在制定国有博物馆文创产品开发市场竞争规则时所采用的思维理念和思维方式。行政思维方式更多的是以外部力量对竞争规则进行干预，属于市场的外在调节机制。市场思维方式则遵循市场自身的运行规律，并依此来制定竞争规则。接下来主要讨论行政和市场两种思维方式哪种更有助于公平理念的实现。

首先是竞争中立的价值观。如果竞争规则偏向某一方，则竞争就不可能是公平的。具体到博物馆文创产品开发中，由于国有博物馆是国家文物局的下属单位，其运营资金由国家财政部门统一拨付，收入也需要上交给国家财政。这种隶属关系让国家文物部门与国有博物馆的关系犹如父子般亲密，也给国家文物部门在制定文创开发竞争规则时带来一定的诱惑，即政府能不能以客观中立、一视同仁的态度对待国有博物馆和希望从事文创开发的社会企业及个人，会不会在权力和利益的驱使下制定出偏袒国有博物馆的制度规则，或者在市场准入、税收负担、价格制定等方面做出不一样的政策规定，这样显然不利于公平原则的实现。在2016年国务院发布的《关于推动文化文物单位文化创意产品开发的若干意见》中，一方面，鼓励文化文物试点单位坚持事企分开的原则，将文化创意产品开发与公益服务分开，以企业为主体参与市场竞争。另一方面，允许试点单位以知识产权作价入股的方式投资设立企业。实际上，这两点存在矛盾和有违公平之处，既然鼓励国有博物馆以企业形式参与市场竞争，就是默许其他社会企业与国有博物馆展开公平竞争，但"以知识产权作价入股"这款规定涉

第五章　博物馆资源开发的产权分配公平

及的问题是：知识产权是否归国有博物馆所有，以藏品资源而言，藏品本身是公共文化资源，如果数字化的费用由国家财政负担，就意味着数字化图像的所有权也是全体人民共有，国有博物馆作为保管方，以国家所有的知识产权入股，其合法性就受到质疑，也违背了公平竞争的原则。因此，从这个意义上看，行政思维方式很难保证竞争中立目标的实现。而市场思维方式从市场本身的规律出发，以价格、利润、优胜劣汰等竞争规则一视同仁地对待所有竞争主体，更符合竞争中立价值观的内在要求。

其次是竞争规则制定过程中的平等参与问题。公平的竞争规则，应该是所有相关主体共同参与制定或共同认同的，而不是一方强加给另一方。但是从操作层面来看，一个竞争规则要让所有的人共同参与制定，往往是很困难的。国有博物馆资源的文创开发是公共资源的使用问题，涉及面太广，参与主体众多，交易成本过高，这些因素限制了所有人共同参与到竞争规则制定中去。为此，现实中对竞争规则的制定有两种方式：一种是行政的方式，由决策机构即政府部门直接制定竞争规则；另一种是市场的方式，由所有竞争方，至少是多数竞争方共同协商制定。决策机构直接制定竞争规则涉及政策制定的过程，借鉴公共政策分析中著名的"多源流分析模型"[1]，竞争规则的出台是政府部门、博物馆、社会民众、相关利益群体、文化传统及意识形态等多方力量博弈的结果，哪方力量更强势，竞争规则就更有利于哪方。这显然是有违公平的。而通过谈判协商的方式确定竞争

---

[1] 多源流分析模型是美国政治学家约翰·金登（John Kingdon）于1995年在《议程、备选方案与公共政策》一书中提出的，他将政策的制定分为问题流、政策流、政治流三种不同的源流，三者彼此独立，在某一特定的时刻汇合到一起，从而打开政策之窗，上升到政策议程。三个源流包含了问题、专家、预算部门、官僚、研究人员、压力集团、国民情绪、公共舆论、党派或意识形态等多种因素，很难确定哪种因素最终影响了政策的制定。

规则，则可以遵循"少数服从多数""专家代表外行"等基本选择方式来进行，虽然这种方式未必就一定能制定出公平竞争规则，但在目前的社会方法中还没有能够替代它的更为高级、更为完善的"元规则"出现。因此，市场思维方式所引导的谈判协商是公平竞争规则出台的较好的解决方案。

最后是竞争规则的强制性。即使有了公平竞争规则，如果没有对规则的执行和大家的共同遵守，公平竞争也不能实现。在这方面，由于市场本身的局限，并不能解决竞争规则的执行问题。对于文创开发中不遵循竞争规则的市场行为，如侵权、假冒他人注册商标、仿冒知名品牌商品、商业贿赂、恶意排挤竞争对手等行为，只能依靠行政方式，通过《反不正当竞争法》《商标法》等法律或工商部门的行政处罚等方式强制执行，以维护竞争规则等权威性和强制性。

（三）两种分配方式在竞争规则公平方面的比较

竞争规则公平须满足三个条件：规则制定前提公平，即保证规则制定者能够秉承价值中立的理念前提，公平对待各竞争主体；规则制定过程公平，要确保竞争规则本身是公平的，就必须让所有竞争主体共同协商，共同确定竞争规则；竞争规则执行公平，确保公平的竞争规则能够在全社会范围内普遍执行，保证所有成员都受到规则的约束。从这三个维度来分析，虽然竞争规则的制定主体只能是政府部门，但政府部门在制定规则过程中是秉着行政思维理念还是市场思维理念会产生完全不同的思维结果。虽然市场不是万灵的，在某些领域存在市场失灵的情况，但总体而言，政府部门在制定竞争规则的过程中，如果能够多借鉴市场思维理念，做到行政与市场的灵活结合，就能够最大限度地实现竞争规则公平。两种分配方式在实现竞争规则公平方面的比较，如表 5-2 所示。

表 5-2　两种分配方式在实现竞争规则公平方面的比较

分配方式	竞争中立	竞争规则制定中的平等参与	竞争规则执行
行政方式	政府既是管理者又是经营者，很难保证价值中立	政府部门直接决定竞争规则，不公平	通过法律、行政机关强制执行
市场方式	以市场规则一视同仁对待所有竞争者，符合价值中立的内在要求	竞争各方共同协商竞争规则，公平	无决定权

我国现行文创权的初始分配方式为政府主管部门直接分配模式，即政府根据自己的判断标准，直接将文创权分配给开发主体，目前主要是根据国有博物馆的行政级别及藏品资源等资质，将文创权分配给95家国有博物馆。从政府内部分配成本及政策推行阻力方面来看，这种分配方式具有很强的可实施性和可操作性。但从资源配置公平的角度来看，这种方式将公共文化资源的使用权直接赋予了部分国有博物馆，将更多的社会开发主体及其他博物馆排斥在外，无疑是一种"简单粗暴"的分配方式，不利于资源使用公平目标的实现。同时，无偿分配模式也违背了公共资源"使用者付费"的原则，与排污权、水域使用权等其他国家资源分配方式的使用规则不一致。

从国家发展的宏观环境来看，资源配置方式改革将会是未来一段时间政府工作的重点之一。2017年1月，中共中央办公厅、国务院办公厅印发《关于创新政府配置资源方式的指导意见》，指出社会事业资源方面（主要指非经营性国有资产）要引入市场化手段和方法，要更多引入竞争机制进行配置，创新和改进政府直接配置资源的方式。可见，市场化资源配置方式将会是未来政府配置资源的重点改革方向。而在国务院2017年发布的《"十三五"市场监管规划》中，明确了竞争政策在国家政策体系中的基础性地位，把竞争政策作为制定改革政策、完善法律法规的重要指引，并提出对产业政策实施公平竞争审查制度，即凡产业政策违背公平竞争精神的，将被要求进行调整完善。

综上分析，无论是从国家宏观发展大环境还是初始分配公平理论分析角度来看，市场分配方式都将会成为未来国有博物馆藏品资源文创开发初始产权配置的主导方式。这并不是否认行政分配方式的作用，而是要建立以市场分配方式为主，行政与市场两种分配方式相结合的文创权初始分配方式。

第三节　资源公平与文化大数据体系构建

一、国家文化大数据体系的总体构想

2020年5月，中央文改领导小组办公室发布《关于做好国家文化大数据体系建设的通知》，指出建设国家文化大数据体系是新时代文化建设的重大基础性工程，也是打通文化事业和文化产业、畅通文化生产和文化消费、融通文化和科技、贯通文化门类和业态，推动文化数字化成果走向网络化、智能化的重要举措。国家文化大数据体系的构建，重点在于把分散在博物馆等文化场馆、民间的文化遗产通过数字化的方式收集起来，按照

物理分散、逻辑集中、数据共享的原则建立文化大数据服务和应用体系，向全社会开放，将中华文化元素和标识融入内容生产制作、创意设计以及城乡规划建设、生态文明建设、制造强国、网络强国和数字中国建设，为在新技术条件下推动中华优秀传统文化创造性转化、创新性发展打下基础。国家文化大数据体系的建设，为博物馆文创的飞速发展提供了重大契机。

二、国家文化大数据体系的具体架构

国家文化大数据体系也为实现文创权资源公平提供了重要的制度保障。具体来说，国家文化大数据的体系架构可以概括为供给端、生产端、需求端、消费端"四端"（见图5-4）。❶

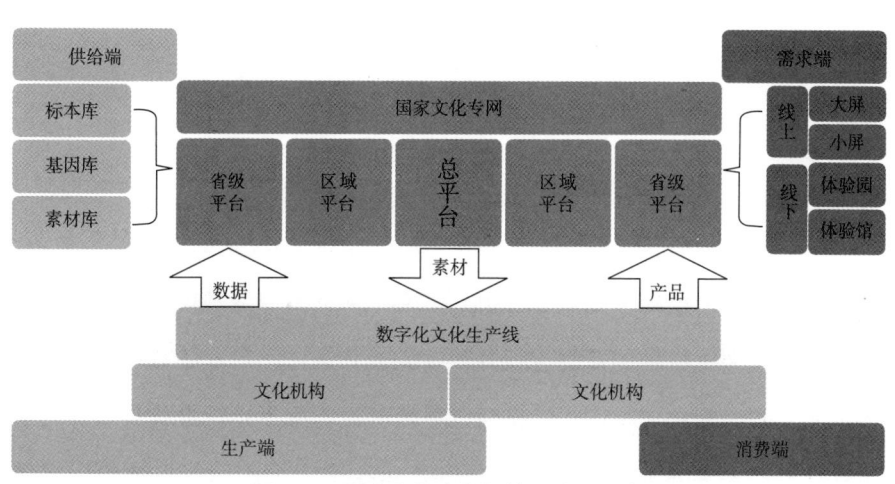

图5-4 国家文化大数据体系建设示意

---

❶ 高书生.国家文化大数据体系建设架构［EB/OL］.（2020-09-03）［2021-01-22］. https://user.guancha.cn/main/content?id=374251&s=fwzxfbbt.

供给端要建三个库，即中国文化遗产标本库、中华民族文化基因库和中华文化素材库。中华文化遗产标本库将国家历次文物普查相关数据、戏曲普查数据、美术馆普查数据按照国家文化大数据标准，结构化存储于服务器，并通过有线电视网络实现全国联网。中华民族文化基因库先从建设红色基因库起步，目标是中宣部公布的全国爱国主义教育示范基地，分批次将各示范基地的陈列品、纪念碑（塔）、出版物、音视频等进行高精度数据采集，并以历史事件、英烈人物、感人故事为线索，对红色文化数据进行专业化标注、关联，通过有线电视网络实现全国联网。中华文化素材库以标本库和基因库作为重要来源，与文化企事业单位已建成数据库（如中华经典古籍库、中国文物志、延安时期文献档案数据库、中国地方历史文献数据库、中国百年影像档案、中国版画一百年、中国音乐总谱大典、中华民族音乐资源数据库、中华戏曲老唱片数据库、中文电子文献库等）对接，萃取中华文化元素和标识，分门别类标签化，建设中华字库、中华音库、中华乐库、中华剧库、中华舞库、中华像库等，为内容创作生产提供素材。

生产端是指各类文化机构，既包括文化事业单位，也包括文化企业，不分所有制。生产端主要做三件事，一是把博物馆、美术馆、图书馆、文化馆等公共文化机构的藏品进行高精度采集和标注，形成的数据分别归入标本库、基因库和素材库。二是对已建成的数据库进行标准化处理，结构化存储到供给端的三个库。三是将开发供给端三个库的数据解构形成素材、重构形成文化产品。生产端组成数字化文化生产线，鼓励出版社、影视公司、演出公司、设计公司等文化生产机构充分发挥内容创作生产优势，积极参与文化数据的标注及解构和重构，开发文化大数据，创作生产具有视觉冲击力和听觉亲和力的、适应于现代化网络传播的文化体验产品，展现中国文化魅力。

需求端就是消费端，通过文化体验园、文化体验馆、文化体验厅等方式进行文化体验和消费。文化体验园主要建在旅游景区、游乐园、城市广场，把地域文化、红色文化从博物馆和纪念馆"活化"到文化体验园，促进文化和旅游充分融合。文化体验馆以城市购物中心、中小学幼儿园、公共文化机构等为目标，建设技术含量高、传播力强的文化体验馆，使其成为文化传承传播、大众学习鉴赏的重要场所，推动红色文化、传统文化进校园、进商场。文化体验厅主要建在社区、书店和家庭，在城市包括老年社区、党建社区，在农村包括新时代文明实践中心、文化礼堂等。如各城市的新华书店，可以结合新书发布、各类讲座做文化体验。最后是家庭客厅，通过有线电视把家庭客厅变成文化体验厅。

云端是国家文化大数据云平台建设，运用5G、区块链、云计算、物联网等新技术，按照"物理分散、逻辑集中"的原则，建设国家文化大数据体系的中枢系统和分平台，汇聚文化大数据信息，为文化生产和文化消费的终端用户提供云服务。

国家文化大数据云平台从顶层设计层面将包括博物馆在内的中国文化遗产进行整合，通过统一的平台进行发布和使用，将大幅度提高中国优秀传统文化的传承创新和转化能力，对于本书中涉及的所有公共文化资源的传承利用，都提供了宏观上的制度指导。

CHAPTER SIX

第六章

博物馆资源开发的产权制度设计

朗德苗寨是位于贵州省黔东南苗族侗族自治州的一个苗族村寨，20世纪80年代，朗德开始开发乡村旅游，成了著名的旅游景点。为了鼓励村民积极参与到旅游服务中，朗德实行"工分制"，给村民发放不同颜色的记分票，根据工分高低决定给村民的旅游分成。记分票分为银角票、演员票、盛装票、长衣票、芦笙票、迎客票六类，每类分值不同。例如，青年女子穿银饰服装计8分，跳舞计5分，团结舞计8分；身着普通民族服装迎接客人的计6分；70岁以上老人只要穿上苗族服装到铜鼓坪旁边站一下计11分等。为了挣到满意的钱，家家户户纷纷自己置办苗族盛装、开办农家乐、整修房屋等，自觉保护传统建筑和村寨的原生风貌，社区的道路、供水、供电、展览馆等公共设施得到较好的管理和维护。❶ 可见，合理的制度安排是资源得到合理配置的关键所在。

---

❶ 李丽.公平PK效率：朗德苗寨在旅游大潮中的坚守（二）[J].人与生物圈，2010（1）：22.

第一节 文创权初始分配理想模式

一、博物馆资源向社会免费开放

国有博物馆藏品资源的文化创意产品开发最理想的产权制度应该是兼顾效率和公平的制度设计，能够让更多的社会主体参与到对国有博物馆的文物资源开发中来并获得收益，同时将文物资源所包含的文化价值和艺术价值传播到更广泛的社会层面，让文物真正"活"起来。基于这样的目标，最理想的文创权初始产权分配方案应该是将国有博物馆的文物资源全部向社会公开，允许所有有开发意愿的主体免费使用文物资源，并且不限制用途。国有博物馆的文物资源属于全民所有，在不损害文物安全的前提下，全体人民都可以对文物资源进行合理开发利用，包括用于商业开发。

文创权初始配置的理想制度模式可以表述为：政府主管部门作为国有博物馆文物资源的所有者，将文物资源的文创开发权委托藏品所在博物馆向全社会公开，公开的方式包括藏品展陈、数字化图像、巡展交流、公益讲座等，博物馆除了提供文物的数字化图像，还提供文物的关键信息和相关介绍，包括名称、艺术家、创作时期、尺寸、材质等，便于用户对藏品进行纵深了解。在开放渠道上，除了在藏品所在博物馆的官方网站公开外，博物馆还可以与其他网站合作，在访问量大的门户网站上也可以搜到藏品资源信息，以延伸共享资源的覆盖面。允许所有人利用文物资源进行学术研究、商业开发、创作衍生品等，由此产生的收益归资源使用者享

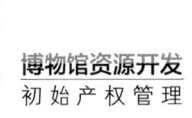

有，无须经过博物馆授权，博物馆不参与收益分成。国有博物馆藏品文创权初始分配理想模式，如图 6-1 所示。

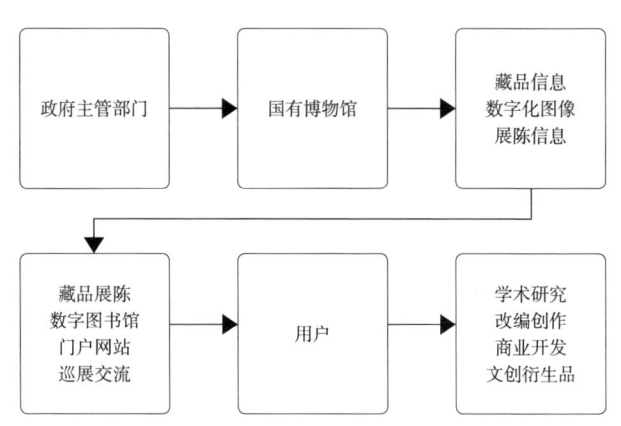

```
政府主管部门 → 国有博物馆 → 藏品信息
                              数字化图像
                              展陈信息
                                 ↓
藏品展陈              用户        学术研究
数字图书馆     →             →  改编创作
门户网站                         商业开发
巡展交流                         文创衍生品
```

图 6-1　国有博物馆藏品文创权初始分配理想模式

　　藏品资源向全社会免费公开是未来博物馆发展的主流趋势。从国际范围来看，无论是 CC0 协议的成员博物馆向社会免费公开资源，还是台北"故宫博物院"通过 Open Data 专区向社会提供藏品高清图像版权，都表明公共文物资源的社会化开放已经为越来越多的博物馆所认可和接受。随着博物馆数字化进程的进展，开放的资源将会越来越多，最终使所有资源都能够免费归全社会共享。越来越多的博物馆意识到，文物资源属于全社会共有的财富，公众以这些文物为创意源泉进行文化创意产品开发，不但能够提高商品文化附加值，还能够加强文物的传播力和影响力。台北"故宫博物院"认为，文物不应在博物馆里，而应是全民共享的温暖疗愈物，同时可以创造物质财富，希望通过图像免费公布，让文物以更加透明、便捷的方式开放使用，以达到博物馆教育公众的公益目标。前大都会博物馆馆长托马斯·坎贝尔（Thomas Campbell）说："大都会的核心使命，是不断提供人们接近这些藏品的可能性，开放资源也是满足当下 21 世纪观众的需求。"

二、博物馆资源开放的现实困境

但是依目前的实际情况来看，要做到博物馆对藏品资源的完全免费公开，在很多条件上还不成熟。以国有博物馆藏品资源为原型进行文化创意产品开发，大部分情况下是以藏品的数字化版权为基础进行开发的，而藏品的数字化工程是一项长期艰巨的任务。根据第一次全国可移动文物普查结果，我国共有可移动文物 6407 万件，对其进行数字化的工作量十分庞大，专业要求非常高，需要大量的人力和资金经过长期工作才能完成。如敦煌研究院邀请美国盖蒂中心采集敦煌壁画数据已有数十年，至今仍在持续。并且随着数字化技术的更新换代，已有的数字化资源也需要不断进行维护和更新。如此庞大的工程仅靠国家财政的投入很不现实，而依靠社会力量进行数字化工程则意味着社会力量和博物馆将失去数字化版权所带来的授权及文化创意产品收入来源，没有产出的投入不符合社会企业的投资理念，从而使他们不愿意参与到博物馆藏品的数字化工程项目中，数字化藏品数量少进而限制文物资源的开发利用，形成恶性循环。因此，文创权的初始产权设计采用市场化模式是目前较为现实的选择，这种模式也是向藏品资源完全开放的理想模式发展的过渡模式。

第二节　文创权初始分配市场模式

基于市场方式进行的文创权初始分配是以国有博物馆藏品资源的有偿使用为前提的，通过市场化配置的方式，最大限度地发挥藏品资源的文化价值和经济价值，带来尽可能多的社会收益，通过收益在文创开发相关主体之间的分配调动全社会参与博物馆文创产品开发的积极性。市场模式文创权的初始分配过程，如图 6-2 所示，国有博物馆将待开发的藏品资源在公共平台上发布，并通过一定的方式将资源开发的权利（文创权）赋予各权利主体。公共平台对国有博物馆的待开发资源信息和各开发主体资质进行审核，并遵循效率和公平的原则，通过招投标、评审、推荐等方式实现双方的对接。所有开发主体，包括国有博物馆，对资源的使用都是付费的，产生的收益由各方参与者通过合同协商分配。

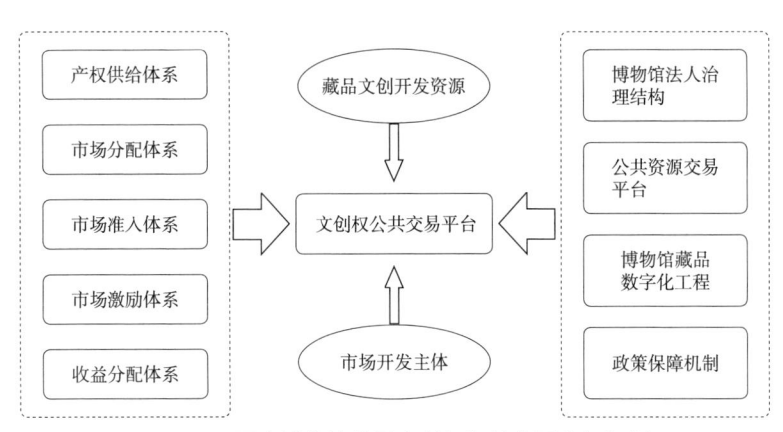

图 6-2　国有博物馆藏品文创权初始分配市场机制

第六章　博物馆资源开发的产权制度设计

在文创权市场化初始分配模式中，需要考虑以下因素：文创开发的产权供给——为文创权的行使提供充足源泉；文创权的分配——链接文创权供给与需求的桥梁；市场机制——规定谁有资格取得文创权；收益分配机制，使权利主体的投入——产出得以合理保障；激励机制——如何通过机制设计激发文创开发主体的积极性。每一个环节都可以单独形成一个子机制，所有环节共同构成完整的文创权初始产权制度体系。

一、文创权产权供给体系

文创权的产权供给机制实质上也是文创权占有权制度设计。构建文创权产权供给机制，要解决的是国有博物馆目前存在的大量藏品资源闲置，可供开发的资源供给不足的问题，为社会提供尽可能多可供开发的藏品资源。从藏品本身到可供用于文创开发的资源，需要经过两个步骤：一是将藏品整理成可供陈列参观的展品；二是生成藏品的数字化版权。前者可以由博物馆自身完成，后者可以由国家财政拨款或与社会企业合作完成。这其中最关键也是最复杂的问题是藏品数字化之后的数字版权归属问题，谁有权对藏品资源进行数字化，数字化之后的版权是否归博物馆所有，谁有权将这些版权用于文创开发或授权开发是博物馆文创产业形成的前提条件，如果这个问题不能解决，博物馆将不知道自己是否享有文创开发的权利，有没有资格进行开发授权，大部分文创开发工作将无法进行。

（一）供给内容

文创权的供给内容包括藏品资源本身、藏品展陈信息和藏品数字化版权。国有博物馆的藏品根据来源分为三种：一是文物资源，过了著作权50年的保护期，属于全社会共有资源，不存在版权问题；二是孤儿作品，创作者遗失，所有权归国家；三是没有过著作权保护期的资源，所有者归著作权人。藏品展陈信息一般由博物馆自己或借助外界策展企业完成，也可以作为文创权的开发对象，版权归博物馆所有；藏品数字化版权，包括数字化之后所形成的高清图片、虚拟3D模型、声音、文字及由此所形成的知识产权，包含如下信息：①藏品基本信息，包括藏品的名称、年代、尺寸、保存地、展览方式、版权等，这类信息收集一般在藏品资源整理环节完成，便于对藏品进行分类保存和检索；②影像资料信息，包括藏品的图片、音频、照片、三维模型等，数字化的载体有数字文本、全息拍摄、图文扫描、立体扫描、数字摄影、数字遥感、数字勘测等；③藏品研究信息，包括藏品相关的历史、文化、工艺等方面研究成果信息，这些信息是藏品不可或缺的组成部分，是藏品内涵和价值的体现，是文创开发中藏品文化价值的挖掘和提取的重要参考。由于基于藏品资源本身产生的灵感没有产权约束的必要性，藏品展陈信息所产生的产权明确归博物馆所有，本书所探讨的文创权主要是基于藏品数字版权的文创权。

（二）供给主体

文创权供给主体，即文创权由谁提供的问题则与供给内容相对应，分为三种情况：第一种情况，如果文创开发是基于藏品本身进行的，则藏品所有者即为供给主体。超过著作权50年保护期的文物资源、孤儿作品，供给主体是国家，藏品本身作者享有著作权的情况下，供给主体为著作权所有者。第二种情况，如果文创开发是基于博物馆展陈信息，则供给主体为博物馆或者策展单位,具体由博物馆与策展单位之间通过合同约定。第三种情况,如果文创开发是基于藏品数字化版权,根据数字化工程的资金来源进行细分,由国家财政出资完成藏品数字化工程的,版权归国家所有;由博物馆通过自筹经费完成数字化工程的,版权归博物馆所有;由国家委托社会企业完成数字化工程的,则依据合同优先原则,根据国家和社会企业的合同约定决定版权归属,一般情况下,由于文物资源的珍贵性和唯一性,以及对国家文化安全的重大意义,版权仍归国家所有,出资完成数字化工程的企业可以享有对数字化版权的优先使用权及其他相关优惠待遇。文创权的供给主体可以界定为数字化版权所有方。

(三)供给管理

文创权供给管理是指对文创开发资源供给及风险的控制。并不是所有数字化藏品资源都适合进行文创开发,作为文创权的供给方,需要在对藏品资源进行梳理的基础上,明确哪些资源可以用于开发、如何开发、开发的总量控制、拟开发版权的价格评估、开发委托方和受托方各自的权利义务、版权开发的交易规则制定等。同时,在开发中还面临着一系列的风险,管理方需要通过制定明确的规则将风险控制在合理范围内。因为文物资源属于历史文化遗产,归全人类共有,其中蕴含着民族精神、历史文化理想与追求,在开发过程中不能为追求商业目的而损害民族精神和社会公益,亵渎、扭曲、丑化藏品所表达的文化精神。在授权完成后,一旦发现开发方有不当行为,要通过追究刑事责任或民事责任的方式及时制止。

目前,文创权的供给管理有博物馆管理模式、集体管理模式、公开共享模式三种方式。

第一种方式博物馆管理模式是目前最常见的模式，即文创开发权的管理由藏品所在博物馆掌控，由博物馆管理版权。博物馆为了避免被侵权的风险，往往不愿意主动公开版权资源，多数博物馆即使完成了藏品数字化工程，也是将版权存放在馆内或第三方，在网上公开的信息只是很少一部分。这种模式适用于极少数藏品资源极为丰富，自身有一定影响力和品牌价值的大型博物馆。而广大中小型博物馆则没有足够的资金、技术和人才进行藏品数字化工程，再加上藏品数量有限，博物馆对藏品文创权的管理难度较大。

第二种方式是集体管理模式，由统一的第三方机构，如博物馆联盟、博物馆行业协会来代替版权人管理版权。集体管理机构的主要工作包括接受版权人授权、代表版权人与使用方协商授权许可方式、监督检查作品被使用情况、将收益按照约定分配给使用者、出现法律纠纷时代表版权人进行诉权。集体管理模式采用资源选择的方式，将博物馆的数字藏品资源纳入统一的平台中管理，有利于博物馆资源的整合，提高版权使用效率。对于广大中小型博物馆而言，这种管理方式能够节省博物馆开发文创产品的成本，降低开发风险，提高开发效率。目前阿里鱼平台和国家博物馆的"国博（北京）文化产业版权交易平台"就是集体管理模式的雏形。这种模式也是未来中国国有博物馆文创开发中文创权供给的主流模式。

第三种方式是完全或部分放弃版权的公开共享模式。这种模式是目前国际上通行的 CC 协议知识共享，国外很多博物馆、图书馆开始尝试使用 CC0 公共领域许可的工具发布它们的版权信息，放弃它们管辖范围内的所有版权，将数据投入公共领域，允许使用者自由复制、改编、传播甚至用于商业开发。这样做可以克服知识传播中的障碍，最大限度地发挥藏品资源的文化价值和传播价值。从博物馆的角度来看，无条件地共享藏品数字资源，可以充分体现自身的公益属性，并创造更多的社会价值，是未来博物馆管理的发展趋势。但就现阶段而言，藏品的数字化需要大量的资金和人力投入来维持持续开发，完全免费的版权管理方式不利于调动博物馆数字化资源的积极性，对博物馆而言也很难维持。

基于市场分配方式的文创权供给机制，供给内容是藏品数字化版权，供给主体是代表国家的文物主管部门，供给管理方式现阶段主要是通过第三方建立公共服务平台，未来的发展趋势是通过 CC 协议将文创资源在网上免费公开共享。文创权供给机制，如图 6-3 所示。

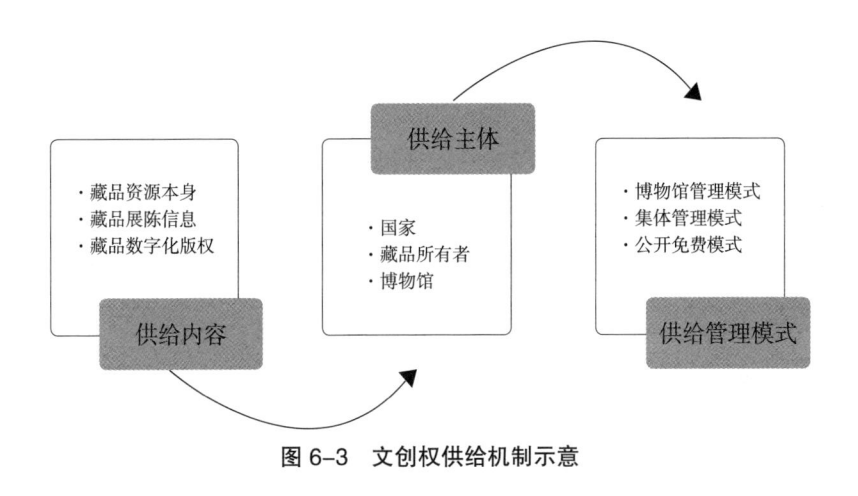

图 6-3　文创权供给机制示意

二、文创权市场分配体系

文创权市场交易的前提是清晰界定产权，而产权的清晰界定是以初始分配为前提和基础的，初始分配直接决定着交易起点的公平与否及交易机会的取得，因此文创权的初始分配是比市场交易更重要、更关键的环节。初始分配虽然具有交易的形式，但并非真正意义上的市场交易，而是作为

藏品数字化版权所有方的政府或者社会力量所有方（主要是政府），通过前期甄选后设置若干许可，将甄选出的适合开发的藏品数字化版权从所有方转移给市场主体。根据科斯定理，在交易成本为正的情况下，不同的权利界定和分配会带来不同的资源配置效率。如何合理配置交易各方在初始分配市场中的权利来降低交易成本、提高配置效率，就成为初始分配乃至整个文创权交易制度设计的重点内容。

文创权目前的初始分配方式是政府直接配置给各博物馆，主要是文化文物试点单位中的博物馆。这种行政配置方式既不符合公平原则，也不利于实现藏品价值开发最大化，而且政府既是管理者、裁判员又是市场参与者的角色定位显然不符合市场经济发展要求。从国家政府配置资源方式改革的大背景来看，建立健全资源有偿使用制度，改进政府直接配置资源的方式，更多引入市场竞争机制，也是未来国有资源配置改革的大方向。具体到国有博物馆藏品资源开发，要将传统的无偿分配模式转变为使用者付费的有偿模式，借助公共资源交易平台来实现文创权初始分配（见图6-4）。

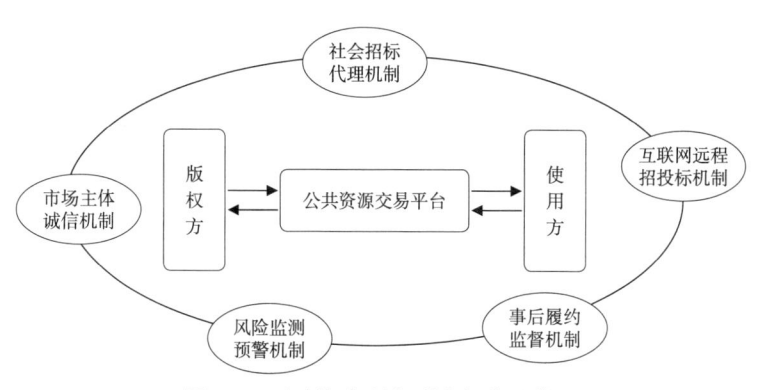

图6-4 文创权初始权利市场分配体系

第六章 博物馆资源开发的产权制度设计

为了避免各地公共资源交易平台重复建设，2015年国务院办公厅印发了《整合建立统一的公共资源交易平台工作方案》，要求整合工程建设项目招标投标、土地使用权和矿业权出让、国有产权交易、政府采购等交易市场，建立统一的公共资源交易平台。2017年1月1日，全国公共资源交易平台正式上线运行，构筑全国公共资源交易"一张网"。文创权的初始分配也可以借助全国公共资源交易平台，具体运作机制如下。

文创权所有方（版权方）在公共资源交易平台注册登记，将待开发的藏品版权基本信息提供给公共资源交易平台文博文创板块，提供的具体方式可以由版权方与平台方进行协商，如为了鼓励更多博物馆将资源在平台上公开，可以采用免费方式，提供的具体内容和双方的权利义务可以通过签订合同来商定。然后由平台将信息进行整理，召集相关专家及行业协会并结合大数据分析等方式对待开发文创权的市场价格进行预估，分析、评测待开发资源的市场潜力和风险等级，分类处理完成后在平台上向全社会发布，组织招投标或项目意向对接。有意向使用文创权的组织或个人在注册登录平台后，通过在网站上查阅、内容聚合（RSS）订阅方式查找感兴趣的信息，然后与平台取得联系。有两种方式可以获取文创权：一是提交文创权使用申请，由版权方、平台、评审专家团队审核通过后，将文创权授予合适的使用方；二是参加平台组织的公开招标，通过公平竞争以中标的形式取得文创权。在文创权使用方确定后，使用方与平台签署合同，明确使用方式、使用规则及使用权限，使用方支付版权使用金。平台抽取服务费后，将版权金支付给版权方，最终形成一个版权分配闭路系统。

围绕这个系统，需要完善相应的一系列机制建设，为公共资源平台的顺利运营提供保障。

一是引入社会招标代理机制。公共资源平台是政府出资创办的,属于事业单位性质。但如果平台由政府来管理,则政府既是管理者又是参与者,政企不分的情况在平台运营中很有可能会重现。依据国外相关经验,可以引入独立的第三方代理机构,代理机构与政府签订契约,有独立的决策权、管理权和运营权,同时接受政府部门的监督。社会招标代理机构的主要工作职责是维护平台日常运营、整合平台资源、组织行业监督及评审专家团队、收集整理平台数据并形成信息库、平台信息发布及信息服务,后期还可以包括为开发项目提供投融资咨询服务、创业团队孵化与培训、引进建立项目再担保体系等,为文创权供需双方的对接提供桥梁和纽带。

二是完善市场主体诚信机制。这里的诚信涉及文创权交易的各方,版权方需要提供可供开发的准确资源,评审专家须客观公正地对资源价值进行科学评估,使用开发方不得将文创权用于合同之外的其他用途等。诚信机制的建立需要借助基础信息及大数据信息的收集,为所有参与文创权分配的相关主体建立诚信档案,诚信记录良好的开发主体在同等条件下将会优先获得文创权,而作为良好记录维持者的文创权提供方则会更受市场青睐,形成品牌效应。同时,没有保持良好信誉记录的市场主体则会在竞标、争取贷款、享受平台服务等方面受到限制甚至被要求退出平台,以维护平台良好的生态环境。

三是互联网远程招投标机制。由于国有博物馆的藏品资源遍布全国,文创权的提供方和使用方也非常分散,为了便于招投标顺利进行,降低交易成本,提高资源配置效率,平台可以充分利用互联网技术,进行远程开标,创新信息发布方式,如可以通过手机 App、微信公众号、邮件等多种方式发布信息。专家对项目的评审也在网上匿名进行,并对竞标者进行网上打分。版权申请方只需在网上通过资质认证，在平台上完成所有竞标环节。

四是风险监测预警机制。平台可以利用大数据优势，精准分析每个项目的市场前景和可能会遇到的风险，为文创权使用方提供参考依据。同时，分析每个市场开发主体的实力、资质、经验、优劣势等因素，为版权方推荐最适合的开发主体。建立项目的再担保体系，加快培育第三方信用担保市场。建立社会监督体系，广泛发动全社会对平台的廉洁公正运营进行监督，最大限度地降低文创权分配中的风险。

五是事后履约验收机制。通过行业协会等第三方独立机构的监督，对成功对接的项目进行全程跟踪，确保签约各方均在合同约定范围内正常运行，一旦出现违约现象，将通过权利救济体系实现维权，并对违约方按照约定进行惩罚。明确项目退出机制，当文创权使用耗尽或因其他原因导致合同不能继续履行时，有明确的退出规则指引项目有序退出及再分配。

需要注意的是分配方式的有序过渡和自然衔接。文创权的初始分配过程，实际上也是一场利益博弈过程。目前的行政配置方式中，很多博物馆无偿获得文创权，也就意味着直接获得了取得大量文创开发收益的可能性。而将文创权转成有偿使用和竞争取得后，博物馆和其他市场主体地位平等，需要参与竞争才能获得文创权，可能会造成一定程度上的心理失衡，影响文创开发积极性。而政府部门在将初始分配权授权给第三方机构后，也失去了文创权权利操作的空间和设租可能性，会在短时期内无法适应。但是从长远上看，一旦市场配置方式中的博物馆法人治理结构形成，博物馆凭借对藏品资源的占有和更为了解的优势，将会在文创开发市场竞争中占有绝对优势。博物馆自身开发文创产品的同时，又可以依托社会力量开发，通过双重渠道获得更多的文创收益。而政府在做大"蛋糕"的同

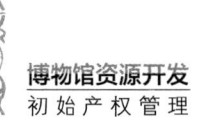

时将获得更多来自博物馆文创领域的税收，因此这是一个双赢的局面，能够达到纳什均衡。市场化配置方式将会成为未来文创权初始配置的主流方式，但是需要有一个过渡期，未来相当长时间内应当允许存在两种配置方式并行的局面，并逐步由行政配置方式向市场配置方式过渡。

三、文创权市场准入体系

市场准入机制是保证文创开发可竞争市场存在的必要条件。过高的市场准入壁垒会将高效率的市场潜在进入者排斥在市场之外，不利于资源配置效率的提高。过低的市场准入壁垒则会带来大量的市场进入者，无法控制经营者的资质，容易导致恶性竞争，造成资源过度使用和浪费。因此，需要根据博物馆文创开发市场的特点及规律，找到公平与效率的平衡点，制定出合理的市场准入机制。

当前构建文博开发市场准入机制的核心问题是市场准入壁垒过高，导致很多社会力量没有进入文博开发市场的积极性。乔治·斯蒂格勒将进入壁垒定义为："新厂商进入一个市场所负担的，而这一市场中的在位厂商不负担的生产成本。"[1] 具体而言，产权经济学将进入壁垒归纳为结构性壁垒、制度性壁垒和行为性壁垒三类。结构性壁垒主要是乔·贝恩（Joe Bain）提出的市场在位者所拥有的规模经济、绝对成本优势和产品差别。行为性壁垒是指市场在位者通过限制价格等手段阻止潜在竞争者进入市场。制度性壁垒是指政府采取法律或行政手段强制性的限制新厂商进入，从而对市场

---

[1] 高菲．我国民营银行准入——退出机制研究［D］．长春：吉林大学，2010．

第六章 博物馆资源开发的产权制度设计

现有在位者进行保护。

从博物馆文创开发市场的角度来看，目前市场进入壁垒主要是结构性壁垒和制度性壁垒。结构性壁垒表现为一些知名博物馆利用品牌效应、成本优势对其他社会力量的挤压，如相比较其他社会力量，故宫博物院所组建的文创开发公司具有绝对性的竞争优势。制度性壁垒主要表现为政策对国有博物馆文创开发的垄断性保护。结构性壁垒可以通过市场竞争打破，而初始产权配置中所涉及的主要是制度性壁垒，通过设置合理的市场准入门槛，可以最大限度地激发文创开发市场的活力，通过竞争提高资源配置效率。

博物馆文创开发市场的制度性壁垒可以分为显性壁垒和隐形壁垒两种。显性壁垒表现在现有博物馆体制管理上。在市场资源配置模式下，国有博物馆和其他文化创意设计企业都是竞争参与者。国家文物部门作为国有博物馆的上级部门，既是博物馆文创资源的分配主体，又是文创开发的竞争参与者。这种既是裁判员又是运动员的角色定位，让其在初始资源配置中很有可能存在私心，无法保证其他社会主体能够和国有博物馆拥有同样的地位。隐形制度壁垒主要体现在观念和体制上：①观念误区。由于文化领域具有意识形态属性，有一种固有观念认为社会力量对文物资源的文化底蕴理解不够，资本的逐利性会让社会力量过于注重文创开发的商业属性而忽略甚至亵渎其文化属性。因此在行政审批及招投标环节，同等条件下资源管理者更愿意把资源使用权赋予国有博物馆，而不是某社会企业。②信息占有不对等。国有博物馆作为文物资源的保管者，对文物资源信息有先天的占有优势，可以通过设置信息障碍让社会力量无法掌握全部的资源，从而失去进入市场的机会。③成本因素。体制内的国有博物馆从事文创开发，其开发成本是由国家财政负担的，由国家财政为其兜底，市场风险低，进入和退出较为便利。这

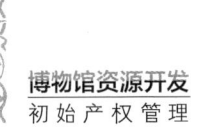

些资本是社会力量无法获得的，因此社会企业在与国有博物馆的竞争中先天处于劣势，在预期收益不明确的情况下，很难吸引社会力量进入文创开发领域。这些因素为社会力量进入文创开发领域设置了隐形的"玻璃门"。

破除制度性准入壁垒，需要从三个方面进行努力。

（一）赋予所有市场主体平等的市场权利

博物馆文创开发的市场准入主体包括国有博物馆的文创开发部门、民营博物馆、有法人资格的社会企业、个人。要保证所有市场主体享有平等的市场权利，首先要保证信息获取权的平等。保证藏品数字化版权资源不仅面向藏品所在博物馆，也要向其他博物馆、社会企业和个人同时开放，保证信息的公开透明，避免社会力量因对信息的掌握不充分而失去进入文创开发市场的机会。这就需要完善和规范公共资源交易平台，将待开发藏品资源信息及时、完整地在平台上公布。其次是政策待遇平等。通过法规政策明确保障社会企业在立项审批、投资核准、项目招投标、政府采购、评比表彰、申请专项资金、享受税收优惠、获得银行贷款环节与国有博物馆企业同等地位，不另设附加条件、标准和程序。

（二）明确市场准入的路径及范围

首先是为社会力量制定明确的市场准入路径。对于社会企业从事文创开发，《关于推动文化文物单位文化创意产品开发的若干意见》中鼓励企业通过限量复制、加盟制造、委托代理等形式参与文化创意产品开发。同时可以灵活运用众创、众包、众扶、众筹等形式开发文化创意产品。而对于社会资本进入文创开发领域，可以采取控股经营的方式与博物馆合

第六章 博物馆资源开发的产权制度设计

作。下一步需要把握社会力量进入文创开发领域的路径选择，是采取渐进式进入方式还是全面放开型进入方式。这里可以借鉴罗纳德·麦金农（Ronald·Mckinnon）针对金融市场提出的市场化最优次序理论，第一步是控制本身要受到管制，即要有强有力的控制系统进行总体制衡，第二步是形成外部约束机制，保证市场的规范运营，第三步是这种控制本身有个走向自由化的过程[1]。对于市场准入，一方面要在国家公布的现有文化文物试点单位的基础上逐步扩大博物馆试点范围，将试点从省级博物馆扩展到市县级博物馆及专业博物馆、民营博物馆。另一方面要尝试借鉴金融领域的特许权制度，根据文创开发主体的资本实力、抗风险能力、市场开发经验等对文创企业进行综合测评，根据不同的综合实力采用多级持牌制度，等级越高的企业拥有的开发经营范围越大。而一旦企业采取冒险行为或者投机行为导致市场信誉度降低或实力下降，则会降低持牌等级。

其次是建立社会力量进入文创市场的负面清单制度。不同于自贸区目前实行的负面清单，文创市场的负面清单主要是针对文物资源本身的文化属性，从保证传统文化的优秀传承、不被亵渎层面出发制定的。文化文物资源属于公共文化产品，具有很强的社会属性，而基于这些资源所开发出的衍生品也必须兼顾社会属性，这是利用文物资源开发文创产品的底线，是所有文创开发主体都需要遵守的。如不能将文物资源运用到厕纸、情趣用品等产品设计中。不能利用文创产品扭曲历史事实，如故宫开发的"容嬷嬷针线盒"虽然是调侃，但利用《还珠格格》中虚构的反面人物宣传宫

---

[1] MCKINNON R. The Order of Economic Liberalitratium: Financial Control in the Transition to a Market Economy [M]. Baltimore: The Johns Hopkins University Press, 1993: 132-137.

廷争斗这种方式并不值得提倡。不能丑化正面历史人物，如将杜甫打造成"插图模特第一人"，将屈原"逆拟人化"成为某品牌猪饲料。不能危害到文物本身的安全或者泄露国家机密信息。博物馆藏品文创开发中遇到的法律风险可以总结为表6-1所示的几种类型。

表6-1 博物馆藏品文创开发中的法律风险

文创开发风险	私益风险	公益风险
表现形式	丑化形象、篡改内容	歪曲历史、贬低文化
价值取向	原创作者利益	历史文化价值
法律基础	著作权法律制度	文化遗产保护制度

（三）降低进入和退出市场的成本

威廉·鲍莫尔等提出了可竞争市场理论，指出可竞争市场需要满足以下条件：①企业具有快速进出市场的能力。潜在进入者在看到商机后，能够采取"hit and run"策略，抓住短暂的盈利机会迅速进入，同时，在市场无利可图或其他领域有更好商机时及时撤离市场。②撤出市场时沉没成本为零，即不存在市场退出障碍。❶理想的市场准入制度应该能够让市场主体自由无障碍地进出市场，保证生产要素的快速、合理流动。

首先，降低市场进入成本。乔·贝恩提出衡量市场进入壁垒的测算方式，当某一领域存在超常利润，但潜在进入者进入市场后利润为负时，证明进入壁垒存在。进入壁垒的程度用新进入企业和原有企业利润函数的差额表示。假设原有企业的产业水平为X_1，可获取利润的贴现值为$T_1(X_1)$，

---

❶ BALMOL W, etc. Contestable Markets and the Theory of Market Structure [M]. New York: Harcourt, Brace, Jovanovich, 1982: 34.

新进入企业的最佳产业水平为 X_2,可获取利润的贴现值为 $T_2(X_2)$。如果 $T_1(X_1) > T_2(X_2)$,说明进入壁垒存在,即新进入企业被市场中的利润吸引,但进入后发现利润没有原有企业所得利润高,甚至利润为负。两者之间的差额就是进入壁垒,用公式表示为

$$T_1(X_1) - T_2(X_2)$$

将上述公式加、减 $T_2(X_1)$,写成

$$[T_1(X_1) - T_2(X_1)] + [T_2(X_1) - T_2(X_2)]$$

其中,$[T_1(X_1) - T_2(X_1)]$ 表示在同一产业水平下新进入企业与原有企业的利润函数比较。$[T_2(X_1) - T_2(X_2)]$ 表示新进入企业在不同产业水平条件下的利润程度比较,即新进入企业与原有企业在产业规模上相比所处劣势所导致的利润损失。

假设收入为 $R(x)$,成本为 $C(x)$,则

$$Y(X) = R(x) - C(x)$$

此时如果 $R(x)$ 随着 X 的上升而上升,或者 $C(x)$ 随着 X 的上升而下降,则企业利润就会提高,随着利润提高,进入壁垒也将逐渐降低。因此,降低进入成本的方式有两种:一是提供更广阔的市场,让新进入企业能够迅速占取更多市场份额。随着创意研发、技术进步和文化消费空间的提升,这一步会自动实现。二是降低新进入企业的生产成本,在当前博物馆文创开发中,主要是尽快完善国有博物馆法人治理结构,使所有参与竞争的企业都能够在同一起跑线上竞争。

其次,降低市场退出成本。在市场价格低于长期平均成本时,企业选择退出市场。但并不是所有企业都会及时退出,影响市场退出的关键因素是沉没成本,即企业在生产中已经投入且无法回收的成本,沉没成本越

高，则企业越不愿意退出市场，很容易出现投资过度和不能及时止损的情况。造成沉没成本的因素为：$f(x)=\{y, \pi, \mu\}$，其中，$f(x)$ 表示企业的沉没成本，y 表示信息成本，信息不完全是造成企业投资决策失误的重要因素，信息越不完全，企业要承担的沉没成本就可能越大；π 表示企业退出市场要承担的经济成本，包括固定成本和可变成本，固定成本是沉没成本最大的组成部分，可以通过固定资产转让进行部分转移，以减少损失；μ 表示企业退出市场要承担的社会成本，包括品牌价值的损失、人才的流失、社会声誉的损失、固定客户的流失等。从初始产权制度设计的层面来看，要降低文创市场的退出门槛，需要尽可能降低沉没成本，具体做法为：一是降低信息成本，建立完善的信息服务市场，为企业决策提供尽可能完整的市场信息，减少投资失误概率。二是建立多层次风险救助体系，通过风险评估市场、保险市场、产权交易市场、投融资市场、抵押贷款市场的完善来降低企业可能面临的风险。三是完善生产要素市场，促进生产要素在更大范围市场上的自由流动，做好地区间、行业间产业转移和产业承接的无缝衔接，降低全社会福利损失。

四、文创权利益分配体系

使用文创权所产生的收益可分为初次分配收益和再次分配收益。前者是指文创权从所有者（政府）向使用者有偿让渡过程中所产生的出让价款或租金。后者是指从所有者手中获得文创权的主体将文创权通过转让、授权等方式流转到其他使用者手中时所产生的收益。本书研究的是初次流转收益的分配机制，仅指文创权在从所有方向使用方转移过程中产生的收

第六章　博物馆资源开发的产权制度设计

益，不包括使用方利用文创权获得的市场经营性收益。

（一）文创权初始收益来源

文创权初始收益，一般指利用公共资源交易平台，将待开发藏品数字化版权资源使用权授予资源使用者所产生的权利使用金收益。不同的文创权使用方式会产生不同的权利使用金，影响权利金的因素有以下几种。①授权内容：包括图像授权，是指藏品数字化所形成的照片、数字图档或其他图像资料的使用权；品牌授权，由藏品所在的博物馆所提供的商标及由此所形成的品牌价值使用权；影音授权，围绕藏品所形成的影视、音频资料使用权。②使用领域：商业用途，利用藏品资源进行商业化产品开发与销售；公益用途，利用藏品资源进行文化传播、教育宣传等非营利活动；研究用途，利用藏品资源开展历史、人文社科方面的研究。③授权方式：独占许可，仅有被授权者一人可以使用文创权；排他许可，文创权所有方和被授权者可以使用文创权；普通许可，不禁止其他人同时使用文创权。④使用方式：研发设计，利用待开发资源进行新产品研发，产生新的知识产权；委托生产，利用已有的设计方案生产出文创产品，将产品卖给委托方，仅收取生产加工费；宣传销售，将生产出的文创产品进行宣传包装，利用互联网或实体店进行销售；综合使用，对以上几种使用方式进行叠加综合利用。

以上四种因素，不同的组合方式可以产生不同的收益方式，如同样是图像授权，用于商业用途和公益用途所收取的权利金会有区别，针对同一种藏品资源，进行排他许可使用和普通许可使用收取的权利金也会不同。按照国内外成熟的藏品资源使用授权经验，权利金的收取可以采用三种方式。一是固定权利金，采用一次性支付或分期支付的方式进行，权利金的金额取决于使用方式、授权内容等不同因素的组合，大英博物馆就是采用这种方式。二是按比例提成收取权利金，根据授权使用方在使用过程中所产生的收益，按约定比例收取权利金。如根据文创产品销售收入的10%来提取权利金，销售收入越高，所产生的权利金越多。三是先收取一定的授权金作为基础佣金或最低授权金，然后根据被授权方授权产品的销售情况按比例抽取权利金，在一个授权周期结束后，如果被授权方没有出现违约情况，则将最低授权金或基础佣金返还给被授权方。

（二）文创权初始收益归属

由于文创权的收益来源于藏品资源数字化所形成的图像、标识、文字、影音等文化符号，所以数字化版权的资金来源是判断文创权初始收益归属的重要依据。按照国际惯例，收益应该归数字化版权所有方拥有。如果博物馆的数字化工程是国家启动数字化典藏计划完成，或者是国家财政拨付给博物馆的总体发展经费等财政拨款，那么文创权的初始收益应该归国家所有。如果数字化工程由国家文物部门委托社会力量完成，则文创初始收益由国家和社会力量共同所有，具体分配比例由两者通过协议作出规定。如果数字化工程由博物馆利用自身经费完成，则文创初始收益归博物馆所有，国家收益仅以税费形式进行提取。这样的收益归属机制是博物馆公认的惯例，如台湾地区博物馆对授权收益做出明确规定：由馆内专项基金支持的部分，授权收益全部回馈到基金中；有各类计划支持的授权，其收益按比例部分回馈给计划的组织单位，部分进入馆内专项基金。台北"故宫博物院"由"数字典藏科技计划"支持的文化授权产生的收益，一半回馈给台北"故宫文化艺术发展基金",一半回馈给"国科会"的科学技术发展基金。❶ 浙江省博物馆利用浙江省文化产业专项资金启动的文化授权,其权利金收益通过博物馆全部返还到政府财政部门。

(三)文创权初始收益分配

由于文物资源具有公共文化资源属性,因此文物资源利用产生的文创收益分配问题就特别敏感,受到全社会的关注。根据上文分析,文创权初始收益的归属方是数字化版权方,但是为了调动全社会开发文创产品的积极性,需要通过机制设计将初始收益在利益相关方之间做出合理分配,形成互利共赢的纳什均衡局面。而且,初始收益是在政府、博物馆、平台方、版权方、被授权方等多方的共同作用下实现的,每一方都对初始收益的形成做出了贡献,政府代表全体人民成为文物资源的最终所有方,博物馆是文物资源的收藏保管方和资源整理方,版权方将文物实体资源转变成可开发利用资源的数字化版权,被授权方将数字化版权转化为文化创意产品并最终实现收益。

收益的分配机制设计是个非常复杂的过程,因为各方所做的贡献不好衡量,而且这几方角色可以相互转换,如博物馆可以同时扮演资料保管方、版权方和被授权方。可以借鉴 Shapley 值模型对收益分配比例进行测算。❷ 假定 $I=\{1, 2, \cdots, n\}$,由 n 个人参与文创初始收益分配,I 的任何

---

❶ 李乘.博物馆艺术授权策略研究——以台北"故宫博物院"为例[D].北京:中央美术学院,2014:40.

❷ Shapley 值法是 1953 年罗伊德·夏普利(Lloyd Shapley)提出的,用于解决多人合作博弈中每个参与者的收益分配比例问题。Shapley 值法对收益的分配主要依据每个参与者对总目标的贡献程度,体现参与者互相博弈的过程。当合作中参与人员的增加不再引起分配收益减少时,全部参与合作者的收益为最大化收益。

子集 $s \subseteq I$ 有且只有一个实数 $v(s)$ 与之相对应，假设：

（1）$v(\emptyset) = 0$，其中 $\emptyset$ 为空集。

（2）对于任意两个没有交集的子集 $s_1, s_2 \subseteq I$，且 $v(s_1 \cup s_2) \geqslant v(s_1) + v(s_2)$。

其中 $v(s)$ 表示不同参与者组合获利，（1）表示如果没有人参与，则获利为 0。（2）表示参与方的合作所带来的利益大于任意一方单独工作时的利益之和，产生 1+1>2 的收益 $\varphi_i(v)$。假定每个人单独行动时获得利益，则合作时合理的分配需满足

$$\sum_{i \in s} \varphi_i(v) \geqslant v(s)$$

并且，当 $s=I$ 时，等号成立。所有成员共同合作时，每个成员获利的总和要大于任意两方或几方联合行动。为了达到这样的合作目的，Shapley 给出了一组对策应满足的公理，并证明了在这些公理下合作对策是唯一的。

公理 1：合作获利的分配不以每个人合作中记号或顺序的变化而变化。

公理 2：合作各方获利总和等于合作获利。

公理 3：如果一个成员对于他参与的任何合作项目都没有贡献，那么他不能从中获利。

公理 4：一个成员参与多种合作时，每种合作的利益分配方式与其他合作无关。

Shapley 给出成员 i 在他参与的合作中收益分配公式为

$$\varphi_i(v) = \sum_{s \in S_i} \omega(|s|)[v(s) - v(s\{i\})],$$

$$\text{且} \omega(|s|) = \frac{(|s|-1)!(n-|s|)!}{n!}$$

其中 $\varphi_i(v)$ 表示成员 i 在合作中获得的利益，s 表示参与分配收益主体的组合，$v(s)-v(s\{i\})$ 表示成员 i 在合作 s 中做出的贡献，$\omega(|s|)$ 为加权

因子，表示成员 i 在各种合作组合中出现的概率，(|s|-1)!(n-|s|)! 表示合作方式的种类。

在实际运用中，还需要对 Shapley 值法进行部分修正，因为收益分配并不能仅考虑各方在合作中的贡献一个因素，还需要在加权因子中增加各方对合作实现的努力程度和风险承担责任两个因素，例如公共交易平台在促成合作中积极程度超过其他各方，则在收益中应该有所体现。而合作中对风险承担责任越大的一方，也应该获得更多的收益。

综上，文创权的初始收益来源于数字化版权方通过公共交易平台向版权使用方转让时所产生的权利金，不同的文创权使用方式会产生不同的权利金。初始收益的归属取决于数字化版权的出资方，由出资方支配数字化版权授权所产生的收益。为了调动文创开发积极性，需要通过合理的机制设计，让初始收益在版权出资方、政府主管部门、藏品所在博物馆、公共交易平台、文创权使用方之间进行合理分配，分配的依据是各方在收益产生过程中所做的贡献、促成合作的积极性及风险承担责任。

五、文创权市场激励体系

初始市场激励是指数字版权方将文创权授予开发使用方之后，如何激励使用方利用藏品文化资源创造出尽可能多的价值的问题。这里数字版权方和文创权使用方实际上构成了委托代理关系。数字版权方（委托方）所取得的利益取决于使用方（代理方）创造的价值，用数学公式简单表达为：$y=a+\varepsilon$。其中 y 表示版权方的收益，a 表示使用方创造的收益中付给版权方那部分，ε 是一个外生变量，表示外界不确定性因素。

设计初始市场激励机制的目的是通过合理的制度设计对文创权使用方进行激励和约束，让版权方和使用方的利益尽可能一致，创造出更多的社会价值。要解决的核心问题有两个。一是信息不对称问题。版权方作为委托人，只能看到代理方使用文创权所产生的结果，不能监督到使用方的行为过程和努力程度。因为在上述版权方的收益公式中，ε 是不确定的外部因素，包括宏观经济环境、竞争对手状况、市场波动情况等，如图 6-5 所示，委托人看到产出为 y^2，代理人的努力程度有可能是 a^1，也有可能是 a^2。在经济状况好等外部因素作用下，代理人努力程度为 a^1，也可以创造出 y^2 的产出，在外部因素不利的情况下，即使代理人努力程度为 a^2，也只能创造出 y^1 的产出。

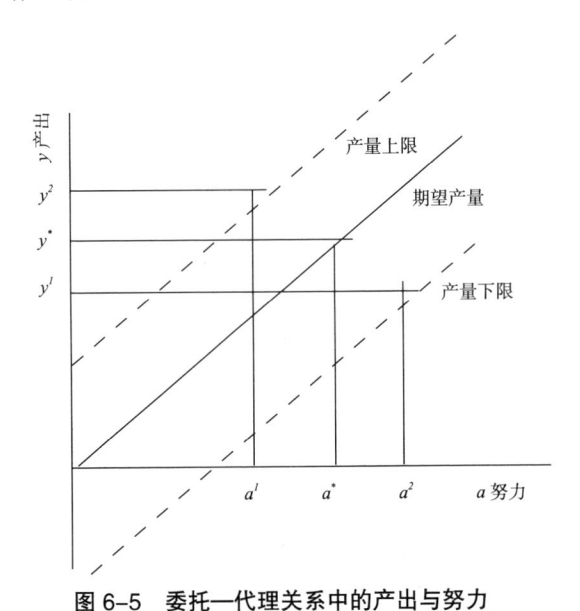

图 6-5 委托—代理关系中的产出与努力

二是激励强度问题。最低强度的激励是没有激励，代理人完成工作，领取固定薪金，不用承担风险，但努力工作也不能得到额外收益，国有博物馆统收统支的财务管理制度就是这样的,完全不能调动代理人的工作积极性。最高强度的激励是承包,在付给委托人固定的权利金后,代理人自负盈亏,付出的努力越多,获得的收益越大,同时承担的风险也越大。从社会总福利角度来看,承包制能够创造出更大的价值,是好的制度设计。但缺陷在于代理人有没有能力完全承担市场风险,代理人的资本实力越强,承担风险的能力也就越大,但如果代理人资本实力有限,不能承担起投资失败造成的损失,则不能负担起承包的责任。所以从市场公平角度考虑,承包制不利于广大中小企业从事文创产品开发。

激励制度设计就是要找到风险与激励之间的平衡点。针对以上问题,激励制度的设计可以从以下三个方面进行。

(一)使用方对激励方案的接受程度

激励机制的设计实际上是版权方与使用方之间的动态博弈,可以通过博弈论中的信号传递机制来解决。版权方设计出合同方案,使用方可以选择接受,也可以选择不接受。如果不接受方案,则合作失败,如果接受方案,双方就按照合同方案开展合作。由于版权方不能掌握使用方的努力程度,处于信息不完全状态,可以设计出不同方案的合约,让使用方进行选择。为了研究方便,假定文创权所获得的收益只在版权方和使用方之间进行分配,x 代表合同规定的货币收入中使用方分享的份额,那么 $1-x$ 就是版权方获得的份额。使用方的收益假定为 $c = m+xY$,其中 m 为固定的控制权收益,Y 为绩效收益,x 为分成系数。版权方设计出两种方案:方案一,使用方获得 $50+100x$ 的收益,版权方获得 $100(1-x)$ 的收益,方案二,使用方获得 $20+200x$ 的收益,版权方获得 $200(1-x)$ 的收益。此时,如果分成比例 x 是固定的，方案二无疑更能起到激励效果，选择方案二的使用方也传递出一种信号，他们有能力通过自身努力得到更多的收益。选择方案一的使用方则更为保守，更愿意通过提高固定收入来保证基本生存。版权方与使用方的委托—代理博弈，如图 6-6 所示。

```
版权方 ──── 使用方 ─────[100（1−x），50+100x]
         选择 x      ─────[200（1−x），20+200x]
```

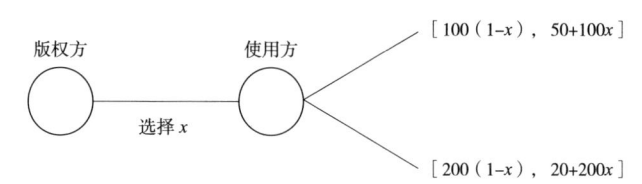

图 6-6 版权方与使用方的委托—代理博弈

（二）收益分成的设计

比例分成的设定也非常重要，从数学计算来看，当 $x=0.3$ 时，使用方无论选择方案一（50+100x）还是方案二（20+200x），收益都是 80，所以选哪个方案都可以。如果 $x>0.3$，使用方就有积极性选择方案二，当 $x<0.3$ 时，使用方就会选择方案一。而只有 $x=0.3$ 时，版权方能够获得最大利益。所以 $x=0.3$ 是版权方的最优选择。

（三）激励强度的设定

关于影响激励强度的主要影响因素，张维迎提出最优激励的数学表达式：❶

$$x = \frac{1}{1+b\rho\sigma^2}$$

其中，x 表示激励的强度，当 x=1 时，就是承包制，代表最强的激励，

---

❶ 张维迎. 博弈论与信息经济学 [M]. 上海：上海人民出版社，2004.

当 $x=0$ 时，就是固定工资制，没有任何激励。影响激励强度的因素有四个。一是产量对代理人努力的依赖程度，代理人的边际贡献越大，所分得的收益份额就应该越大，相应的激励就应该越强。二是产出的不确定因素 σ^2，产出的不确定因素越大，激励就应该越强。三是代理人的风险规避度 ρ，代理人越不害怕承担风险，激励就应该越强。当代理人完全不害怕承担风险，即 $\rho=0$ 时，激励的强度 $x=1$ 时，即完全承包制。四是代理人对激励的反应程度，代理人在工作过程中痛苦系数 b 越高，激励就应该越弱。

综上，文创权初始市场激励机制的设计，需要分为三个步骤。第一步是考虑在当前经济发展的宏观背景下，文创领域的激励制度设计应该以激励为主调还是以保险为主调，现阶段文创开发的主体主要是广大国有博物馆的下设公司，固定工资收入是博物馆文创人员长期依赖的收益分配方案，在文创开发处于初级阶段时，本书认为应该以保险方案为主，逐渐向激励方案过渡，这样更容易为广大博物馆所接受，同时也为博物馆体制改革提供了缓冲和适应的空间。第二步是收益分成在版权方和使用方之间的比例设计，使用方获得的分成越多，进入文创市场的积极性就越高，相应承担的风险也越大。而版权方获得的分成过少就会影响博物馆藏品的数字化进程，减少藏品文化资源的供给。合适的分配比例应该根据市场可能的获利情况及双方的成本，按照博弈论中子博弈精练均衡的方式进行科学的测算。第三步是对使用方个体激励强度的问题，激励强度因人而异，每一个项目都可以根据实际情况采取不同的激励方案，具体考虑的因素包括待开发项目对使用人才智的依赖程度、产出的不确定因素、开发主体的风险规避程度以及开发主体的工作强度。总之，合适的激励制度是版权方与使用方双方动态博弈的结果，需要在市场实践中完善。

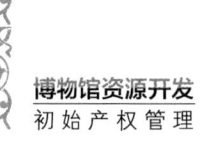

第三节 文创权初始分配支撑体系

一、博物馆法人治理结构

建立博物馆法人治理机构是博物馆作为市场主体参与文创开发的首要前提。在此之前，博物馆作为非营利性质的公益一类事业机构，其决策权和管理权都归国家文物主管部门所有，运营经费由国家财政统一划拨。在这种体制下，博物馆虽然是独立的事业单位法人，但不具备独立的决策权、管理权和财政权，不能成为参与市场竞争的独立法人实体。这就决定了博物馆不具备开展经营性商业活动的基本条件，目前文化文物单位从事文创产品试点中普遍采取的两种做法——成立博物馆下属的文创公司和以知识产权入股与社会力量合作成立公司都是缺乏法律依据的。同时，因为不具备商业经营的法人资格，博物馆开展文创工作也享受不到国家关于大力支持文化产业发展的税收优惠、贷款贴息、专项资金等政策的支持。随着事业单位改革进度的开展，博物馆作为公益一类事业单位将彻底失去参与市场竞争的资格，无法取得藏品的文创开发权。建立博物馆法人治理结构，就是要博物馆拥有独立法人地位，包括自主管理权、自主经营权、机构设置权、用人自主权等，这对于博物馆从事文创产品开发具有十分重要的意义。

从博物馆获取文创开发资格的角度来看，博物馆法人治理机构应该从以下几个方面进行完善。

(一)转变观念,立法先行

由于国有博物馆的非营利性质,在很多人的观念里博物馆应该以教育、展示等公益性功能为主,从事商业运营将有违博物馆的公益属性。但实际上,"非营利性"是对博物馆基本性质的规定,并不是对博物馆运作方式和组织行为的规定。博物馆体制改革要将博物馆的公益属性和产业属性区分开来,博物馆作为藏品资源的保管者,对藏品的文化价值最为了解,具备从事文创产品开发的天然优势。2017年3月开始实施的《公共文化服务保障法》中明确规定:"国家推动公共图书馆、博物馆、文化馆等公共文化设施管理单位根据其功能定位建立健全法人治理结构。"博物馆建立法人治理结构得到了法律的保障,但目前的情况是法律中并没有明确规定法人治理结构的职能定位、理事会的基本性质、主要职能、成员构成、权利义务、议事规则等,并不足以为法人治理结构的建立提供有力支撑。国外的经验是立法先行,如1963年英国国会通过《大英博物馆法》,明确大英博物馆理事会是大英博物馆的法人团体,授予理事会管理大英博物馆的权力。因此,需要通过专门法律明确公共文化部门法人治理的功能定位、权责范围和运行规范。

(二)分权制衡,规范运行

按照公共文化机构法人治理结构改革的要求,博物馆要建立以理事会为主要形式的法人治理结构,遵照政事分开、管办分离的原则,形成决策、执行和监督分权制衡的治理体系。其中理事会是决策机构,由政府主管部门、博物馆、服务对象和其他方面代表构成。管理层由博物馆行政负责人及其他管理人员构成,是决策的执行机构。政府作为上级主管部门,主要

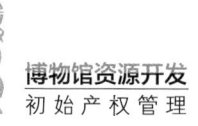

起到出资人和监督机构的作用。监督层、决策层、管理层形成分权制衡，相互协调，共同对博物馆进行治理。博物馆法人治理结构，如图6-7所示。

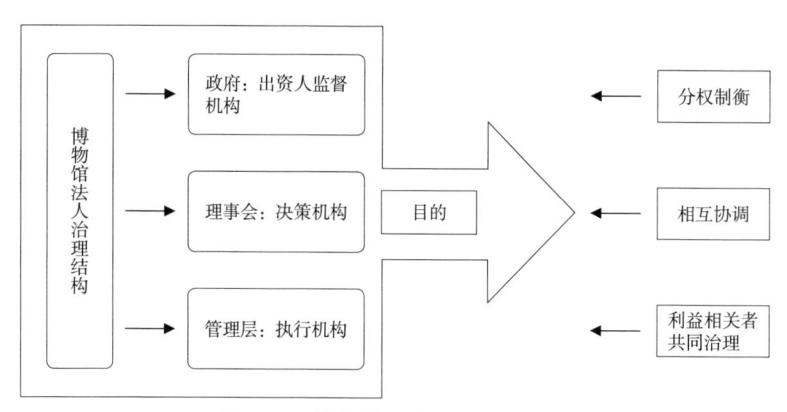

图6-7 博物馆法人治理结构示意

为了博物馆能够更好地开展文化创意产业，需要在以上基本法人治理机构的基础上，进一步对博物馆体制进行完善。首先是在理事会成员构成中，有意吸收懂经营、会管理、有文创开发经验的企业高层管理人员加入，提高文创产业在整个博物馆事业决策体系中的地位，也有助于建立博物馆与外界市场之间的联系及市场需求反馈机制。其次是在管理层中专门成立文创板块，使文创板块与博物馆其他职能机构分开，拥有独立的人事权、财务权和决策权，成为博物馆名下独立的法人机构。

（三）理顺关系，系统衔接

博物馆法人治理结构建立后，还需要进一步理顺理事会与上级政府之间的关系，包括宣传文化主管部门、组织人事部门、财政部门、工商部门、社会保障部门之间的关系。在博物馆事业单位性质不改变的情况下，博物馆仍是政府部门的下属机构，理事会的作用如何发挥，如何实现政府与理事会、事业体制与法人治理体制之间的良性互动，如何实现原有管理体制与理事会制度之间的过渡和衔接，仍是需要关注的核心问题。建议借鉴英、美等国对文化机构的间接管理模式，如美国的国家艺术基金会、国家人文基金会和国家博物馆图书馆学会，英国的"博物馆、图书馆和档案馆委员会"，将管理权限下放给行业协会，由行业协会下设理事会管理部门，对博物馆重大事项及具体事物进行指导，保证决策的专业性和客观公正性。政府对博物馆的管理则通过行为监督、政策引导来实现，推动政府与博物馆之间的关系从行政隶属关系向契约关系转变。

二、公共资源交易平台

公共资源交易平台是《国务院机构改革和职能转变方案》的战略部署，是将公共资源，包括社会资源、自然资源和行政资源放在统一的第三方公益平台上，按照统一的交易规则进行市场交易，以确保交易的规范性，提高公共资源配置效率和效益。根据本书的设计，公共资源交易平台是文创权产权交易的载体，一切产权交易都必须依托公共资源交易平台来开展，所以公共资源交易平台的构建与完善对于文创权的实现具有非常重要的作用。从经济学的角度来看，建立统一的市场平台是未来社会发展的大趋势。市场的分割会限制生产要素的有效配置，造成效率损失，而统一的平台更有利于要素的自由流通，如果所有人都在一个平台上交易，那么所有人都将更容易找到交易对象，交易成功的可能性也就更高。所以一些经济学家认为，平台的统一并不是未来经济发展要担心的问题，真正的问题是市场被太多的平台所分割。

从文创权制度设计的角度来看，公共资源交易平台应该从以下几个方面进行完善。

（一）明确将文化产权交易纳入公共资源交易平台

目前，国务院办公厅印发的《整合建立统一的公共资源交易平台工作方案》中并没有明确提出将公共文化资源交易纳入公共资源交易平台，但公共文化资源作为公共资源的重要组成部分，是国家精神财富和国家文明程度的象征，随着社会消费重点从物质消费向精神消费转移，文化交易市场越来越活跃，创造出巨大的经济效益，但作为新兴市场，也存在很多的制度漏洞和操作不规范的地方，造成国家文化资源的损失。因此有必要将公共文化资源交易纳入统一的平台中，并开辟专门的博物馆文创板块，用于博物馆文创产品开发经营。

（二）扩大文创公共资源交易平台的影响力

一方面，鼓励博物馆将藏品资源信息在公共资源交易平台公开，有文创开发实力和品牌影响力的大型综合博物馆，如国家博物馆、故宫博物院等，可以从平台上购买文创权，这样文创开发收益就可以不用全部向国家上交，只需上交税费；同时还可以将藏品资源放在公共平台上进行交易，开辟文创收益第二个渠道。对广大中小博物馆而言，由于文创产品研发成本较高，博物馆市场空间有限，将藏品资源放在公共平台上进行交易，无疑可以降低研发成本，扩大市场空间，从而获得文创收益。另一方面，鼓励广大民众及社会企业到平台注册，获得文创开发的资格。平台经济具有"跨边网络外部性"（Cross Border Network Externality）的特征，即平台一侧的用户关注平台另一侧用户的数量。加入平台的藏品资源信息数量越多，就会吸引越多的文创人员参与到平台文创开发中，同时，参与平台文创开发的用户越多，就会有越多的博物馆愿意加入平台公开资源。利用这种回振效应可以提高平台在文创开发领域的影响力。

（三）做好文创管理与平台管理机制的对接

由于行政体制中的条块分割，行业主管部门往往自成体系，无法与平台管理方进行无缝对接。假如某省博物馆将部分藏品资源信息在公共交易平台公开，这部分藏品资源的文创交易既要接受省文物主管部门的监督管理，又要接受公共资源交易平台的监督管理，如何做好双重管理体制的衔接，成为文创权交易中不可回避的问题。最好能够制定出双方都能接受的、统一的交易规则和监管体系，双方遵照契约精神各自履行职责范围内的工作。

（四）明确政府主管部门的角色定位

公共资源交易属于市场行为，要明确公共资源交易平台是独立的第三方机构，政府作为委托方要保证公共资源交易平台的独立性和公正性。在公共资源交易领域，政府扮演的角色包括公共资源监督者，通过制定交易制度规则、调整政策、技术改造等方式，保证交易的公正透明，避免钱权交易、围标串标等不规范交易存在；公共服务提供者，为公共资源交易双方及平台提供服务，包括技术指导、政策咨询、信息发布等，对服务项目、服务期限、服务质量、服务责任做出公开承诺，维持良好的市场环境；公平秩序维护者，通过对市场交易主体对资格审查、交易行为与程序的约束、交易纠纷的调解和救济来维护公平公正的市场秩序，保证交易主体的

正当权益。

三、博物馆藏品数字化工程

五千年中华文明积淀了浩瀚的文化文物资源，对这些文物进行数字化处理，有助于对文物的永久保存，也是利用文物资源开发文创产品的前提条件。目前藏品数字化的技术已经比较成熟，而且还在不断完善，影响到文创开发的关键因素是如何能够将更多的藏品资源进行数字化处理，为文创产品开发提供更多的源泉。

（一）数字化工程的资金来源

数字化工程资金有三个来源渠道，分别是政府的财政投入、社会资本投入、博物馆自筹经费。目前博物馆的大部分数字化工程都是通过前两个渠道来实现的，为了加速工程进度，建议进一步放松对博物馆的管制，允许博物馆通过多种方式与社会力量开展合作，在不影响公益属性的前提下提高博物馆的自我经营能力，减少对国家财政的依赖。如博物馆与企业合作，建立会员制，鼓励会员企业向博物馆捐赠经费用于藏品文物的科学研究、保管利用、展览宣传，博物馆允许会员企业免费参观未开放文物资源，免费为其提供文博知识宣传，让会员企业享受文创产品价格优惠等。也可以像美国、加拿大、墨西哥等国的博物馆一样，成立兴趣协会，会员缴纳会费就可以加入青铜器协会、书画协会、瓷器协会等，组织会员开展兴趣分享活动，近距离参观文物等。通过这些方式筹措的资金用于本馆藏品的数字化工程或者文创产品开发，能够解决当前博物馆文创经营中的资金障碍问题。

第六章 博物馆资源开发的产权制度设计

（二）藏品数字化版权的归属

根据之前的分析和文化资源开发利用的整体趋势，藏品数字化实际上是作品临摹权（Slavish Copy）在数码时代的表现，数字化本身并不产生新的版权，例如，张三去博物馆参观，用手机拍摄了某文物的照片，这张照片并没有形成新的版权。但博物馆的特殊性在于，除了展陈的藏品之外，大部分藏品是普通民众没有渠道接触到的，想要开发利用，只能通过数字博物馆、公共交易平台上的数字照片，这其中就涉及采集图片所付出的人力成本、技术成本、设备成本等（不包括文物修复成本，文物修复成本属国家公共文化支出部分），如果不考虑这些成本，文物数字化工程将因缺乏激励机制而无法开展。因此，对藏品数字化版权的归属判断的依据主要是数字化工程的出资方及出资方与藏品所有方之间的约定。国有博物馆的藏品数字化工程一般分为两种情况。一种情况是由国家财政出资对博物馆的藏品资源进行数字化，包括博物馆自身对馆藏藏品的数字化。由于国有博物馆的经费来源是国家财政，因此博物馆无论是文物主管部门下达任务进行数字化工程，还是自身处于发展需要自觉进行的数字化工程，数字化版权都属于国家。这其中涉及职务作品的问题，即博物馆员工为完成本职工作对藏品进行数码拍摄，按照《著作权法》第十六条的规定，著作权由作者享有，但法人或者其他组织有权在业务范围内优先使用。

另一种情况是由博物馆委托其他社会力量进行藏品资源数字化。博物馆由于资金、技术等方面的局限，将数字化工作委托第三方机构完成，对于生产出的数字化产品版权归谁所有，目前仍没有统一说法。美国将委托视为雇用，版权仍归委托方所有。英国和法国则将版权赋予被委托

199

方。我国则遵循合同优先的原则，按照《著作权法》第十七条的规定，著作权的归属由委托人和受托人通过合同约定，合同未做明确规定或没有订立合同的，著作权属于受托人。如 2017 年 12 月，国家文物局与百度签署战略合作协议，计划在 3 年内共建成 2000 家百科数字化博物馆。在这种情况下，数字化藏品的版权归属问题将由国家文物局与百度通过合同约定。但是这种情况一般在合同中约定委托方享有若干年版权后，版权仍归委托方拥有。

需要注意的是，数字化版权归国家所有，并不代表归博物馆所有。博物馆作为藏品的保管方，博物馆是以教育、研究和欣赏为目的的非营利性机构，《博物馆条例》中并没有明确规定其具有独立的法人资格，所以博物馆虽有事业单位法人之名，但没有独立的决策权和管理权，不是严格意义上的法人，尤其不具备从事文创经营的企业法人资格。博物馆本身法人治理结构的缺失造成博物馆权利义务的缺失，在现实中无法确认自己的权限范围，包括藏品的数字化版权。所以文创权的供给方仍是以文物主管部门为主的各级政府。

（三）数字化版权的保护期限

现有法律并没有明确规定数字化版权的保护期限，学界大都支持参照《著作权法》第十四条的规定，将藏品数据库作为汇编作品进行保护，保护期限为作品首次发表后第 50 年的 12 月 31 日。其间无论数据库内容更新与否，都不影响保护期限。但现实中藏品资源数据库有其特殊性，会不断有新的内容补充进来，而且对于数字化作品而言，50 年的保护期有点过长，不利于文物资源的有效利用，尤其是不利于文创产品开发。因此建议参考欧盟的做法，将数据库的保护期限修改为首次公布后15年，但数据库内容的增删、更改和实证上有进一步的实质性投资，保护期限将重新计算。❶

四、授权中介与授权公司

授权中介或授权公司是连接博物馆与文创公司之间的桥梁，能够有效地解决博物馆与文创公司之间的信息不对称问题，一方面为不了解市场、不擅长进行市场运营的博物馆提供专业的授权服务，帮助博物馆找到合适的授权商，另一方面为文创公司寻找到适合的待开发资源。随着文博产业越来越市场化、规范化，授权中介或授权公司的发展是必然趋势。国外博物馆领域目前已经有了成熟的授权市场系，如英国有600多家版权代理机构，美国有800多家版权代理机构。❷古根海姆博物馆自2005年起，以360ep公司作为其授权代理商代理博物馆的授权业务。国际上，比较有名的授权中介商有意大利的Scala Archive公司及美国的Corbis公司、Art Resource公司等。

以著名博物馆授权中介商Scala Archive公司为例。Scala Archive是全球规模最大的影像授权代理商之一，拥有来自全球多个国家包括绘画、雕塑、建筑、考古、古典及现代艺术、装饰艺术、摄影、时尚设计等领域在内的各种形式的高清图像，可以面向所有媒体进行授权。Scala Archive公司的核心资源是意大利艺术，同时还拥有来自美国、俄罗斯、中东及远东、非洲等国家和地区30多万张博物馆的数字图像资源。Scala Archive公

---

❶ 参见欧盟于1996年推出的第9号指令，即《数据库法律保护指令》（简称EC96/9）中的规定。

❷ 黄怡.数字环境下版权授权模式比较研究与完善分析［J］.法制博览，2015（3）：81.

司认为，提供高清图像不是博物馆的主要职责，因为博物馆在迎合外部市场需求，尤其是短期需求方面反应并不敏感，而 Scala Archive 公司则专注于博物馆图像授权，能够在提供高质量图像的同时为企业在艺术授权的版权和图像利用规则方面提供最权威的法律咨询和市场趋势分析。通过中介授权，博物馆、文化机构、艺术收藏机构等可以在没有任何额外费用的基础上获得更加稳定的衍生品收入保障，而衍生产品的开发和销售也会促进艺术品本身知名度的提升和艺术品机构附加价值的提升，因此博物馆等艺术机构也愿意与授权中介进行合作。❶

国内授权行业还处于起步阶段。据国际授权行业统计，2017 年全球授权商品零售额总计 2716 亿美元，仅占全球份额的 3%。中国授权市场国家排名位列第五，在全球市场中增速最快。IP 授权市场虽然在中国起步较晚，但凭借其迅猛的发展速度，成为当下国内不容忽视的朝阳产业。例如，品源文华是大英博物馆在中国的授权合作商，与大英博物馆的合作开始于 2016 年，立足大英博物馆的藏品资源，开发了超过 500 个品类的授权商品，这些文创产品是将大英博物馆藏品与中国文化元素相结合的特色产品，如折扇、风车扇、红包套等，主题非常鲜明，但也没有脱离大英博物馆文物的原有内涵。2018 年授权商品零售总额达 3.5 亿元。除了品源文华，大英博物馆在中国长期合作的授权商家还有 Kindle、FION、She's 以及晨光文具等，所生产的文创产品都很受中国消费者的欢迎。目前较成规模的授权代理商主要集中在我国台湾地区及大陆一线城市，如台湾七项创意公司作为

---

❶ 参见 Scala Archive 公司网站（http://www.scalarchives.com/web/presentazione.asp），访问日期：2020 年 8 月 2 日。

法国国家博物馆联合会（RMN）指定的授权代理商，代理包括卢浮宫博物馆、凡尔赛宫博物馆、蓬皮杜国家文化艺术中心、毕加索博物馆在内的十多家博物馆在大中华区的藏品图像授权业务；Artkey艺奇文创集团是台湾地区首个华人艺术授权中心，主要签约当代优秀华人艺术家，对其艺术作品进行授权推广，目前已签约包含齐白石、刘国松、吴作人等在内的700多位艺术家，建立了全球数量最大的华人艺术影像资料库；此外还有Art Source、Mini Design、Taiso等，都是比较成熟的艺术授权代理商。随着文博产业的发展和市场细分，相信会有更多的授权经纪公司出现。对授权经纪公司的培育，也是博物馆文创事业发展的重要环节。

五、文创授权政策保障机制

（一）权利的维护与救济机制

由于文创权是本书为了研究方便而虚构的权利，在现有法律体系中并没有文创权这一提法，而是散落在《著作权法》《商标法》《专利法》等相关法律中，因此对于文创权的救济和维护也主要是通过这些现有法律规定来进行的。权利维护层面，应当通过法律明确博物馆在文创产品开发中享有的权限范围，授权内容、授权流程及合同签订流程，形成明确的制度规范，以便博物馆及公共资源交易平台做好知识产权保护及风险规避。权利救济层面，成立专门的文创知识产权法庭，对于文创开发中的侵权行为进行受理。在博物馆、公共资源交易平台开辟法律专栏，以受理文创产品开发中的法律咨询，调节法律纠纷。

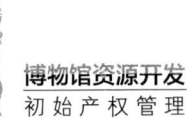

（二）多元化文创投融资体系

资金是制约博物馆文创产业发展的关键因素，尤其是要形成文创产业繁荣发展的局面，必须调动广大中小企业参与博物馆文创开发的积极性。但中小企业面临的首要问题就是资金问题，对此需要博物馆文创开发融入文化产业投融资大体系中。一是利用好各银行的文创贷款业务，做好无形资产评估与抵押，获取文创项目贷款；完善银行的文化金融业务，推出支持博物馆下设企业贷款、文创权版权质押、商标品牌质押等业务。二是利用好文化产业专项资金和文化产业基金，完善文创权的股权交易市场、证券市场，鼓励文创企业尝试新型融资工具。三是利用好博物馆联盟及行业协会的力量，通过公共资源交易平台及文化博览会，积极做好博物馆文创项目的推介，以项目路演、文创市场投融资业务培训、项目现场对接会、文创项目公共展示等形式，积极探索小微文创企业对接文创市场的平台。

（三）文博产业协调运营机制

博物馆文创产品的开发涉及政府、博物馆、文创企业、交易平台等多层面社会主体，需要从多维度建立联合协调机制，将产业链条中的开发资源供给、设计研发、样品制作、生产加工、销售推广等环节打通，形成完整的产业链。这其中涉及同类企业的竞争、资源的公平有效分配、大中小博物馆对市场的争夺、博物馆与企业之间的竞争合作等深层次的社会利益博弈，需要有一个权威专业的机构从中综合协调。政府作为国有博物馆资源的所有方，属于相关利益主体，不能既是管理者又是运营者，因此需要借助第三方平台作为综合协调机构，博物馆产业联盟或者博物馆协会应该承担起这样的责任。而且根据国外其他博物馆管理相关经验,对产业运营进行综合协调也是博物馆协会的重要职责之一。因此有必要将博物馆文创开发综合运营的权利下放给博物馆协会,使博物馆协会在综合协调及市场监督方面起到更重要的作用。

(四)博物馆文创人才培养机制

人才是文创开发的灵魂和核心要素,要重视文创研发设计人才的培养。一是对文创市场现有人才的培养和能力的充分挖掘。主要是国有博物馆文创设计人才的定期培训,选派有潜力的开发人员到国外文创开发经验成熟的博物馆学习,将国外的先进经验带回来;鼓励文创人员通过挂职、深造、进修的方式到高等院校接受再教育,提高文化素养;实行绩效考核,加大对文创人才的奖励力度,鼓励文创人员以知识产权入股的形式参与文创开发,将文创开发业绩作为文创人员考核、晋升的重要依据。二是注重社会人才的发现和利用。可以通过博物馆举办文创设计大赛,将设计大赛中的优秀作品转化为文创产品;也可以通过平台众创众筹的方式广泛征集社会各界的优秀创意;通过与国内外知名设计公司或设计师联系,鼓励他们将创意设计运用到文创产品中。三是重视未来文创人才的培养。博物馆可以定期到中小学开展文化文物知识宣传及相关美学教育;与国内知名高校联合办学,为博物馆"量身定制"培养文创开发人才。

CHAPTER SEVEN

第七章

博物馆资源开发的实施策略思考

迪士尼无疑是文创授权的品牌典范。从 1928 年米老鼠诞生后，迪士尼拥有的媒体网络和影视娱乐机构一直源源不断地推出新形象，并形成了一系列强势 IP：米老鼠、唐老鸭、小熊维尼、狮子王、小飞象等。2009 年迪士尼收购漫威后，漫威旗下拥有众多粉丝的超级英雄们，包括钢铁侠、蜘蛛侠、惊奇队长、美国队长、绿巨人等，都充实到了迪士尼的授权阵营中。以这些为基础，迪士尼影视、乐园、游戏等各种形式的产品大卖，各种衍生的联名商品、授权商品持久畅销，这一切形成了一个健康的商业闭环，让迪士尼财源广进。从数据来看，2019 年迪士尼的授权和零售业务营收共 46.33 亿美元，在全球共有 3000 多家授权商，销售超过 10 万种与迪士尼相关的商品。而国内拥有186万件珍贵文物的故宫博物院，每年的文创收入仍不足20亿元人民币。相比之下，可以看到国内博物馆无论是在IP形象打造还是授权方面，仍有很大的发展空间。

第一节　国有博物馆文创开发思路重构

伴随着我国现代化经济体系日益完善，社会对文化事业的期望变得更加多元化，博物馆能否从容、坦然地面对这些，文化创业产业能否及时、准确地回应人民大众的诉求也就显得尤为紧迫和重要。博物馆肩负着提升民族文化自信的重大历史使命，如何更好地洞悉、适应市场经济，以文化创意产业为依托，通过独具特色的文创产品，更好地弘扬中国优秀传统文化，是每个文博单位都必须深入思考的问题。

一、国有博物馆功能职责再定位

对国有博物馆馆藏资源的开发利用应该跳出资源本身，从博物馆的定义、功能、职责、结构、分工等方面重新思考博物馆存在的意义。现代博物馆的概念起源于西方国家，博物馆一词最早来源于希腊语"Mouseion"，意思是"供奉缪斯及从事研究的处所"。17世纪英国阿什莫林博物馆（Ashmelean Museum）的建立，标志着近现代博物馆的诞生。[1]1753年，大英博物馆建立，成为当今世界第一个对公众开放的大型博物馆。1946年，国际博物馆协会制定了首个博物馆定义："指向公众开放的美术、工艺、科学、历史以及考古学藏品的机构，也包括动物园、植物园，但图书馆如无

---

[1] 王宏钧.中国博物馆学基础（修订本）[M].上海：上海古籍出版社，2001：34.

常设陈列室者除外。"这个定义主要把博物馆视为珍品宝物的保存场所。

1974年，在哥本哈根召开的国际博物馆协会第十次大会上，国际博物馆协会给博物馆重新明确了定义："是一个不追求盈利、为社会和社会发展服务的公开的永久性机构。它把收藏、保存、研究有关人类及其环境见证物当作自己的基本职责，以便展出，公之于众，提供学习、教育、欣赏的机会。"此定义确认收藏、保存、研究为博物馆的三大基本职责。

2007年，在维也纳举行的国际博物馆协会第21届大会修订了当今国际博物馆通用的博物馆定义，即"是一个为社会及其发展服务的、向公众开放的非营利性常设机构，为教育、研究、欣赏的目的征集、保护、研究、传播并展出人类及人类环境的物质及非物质文化遗产"。这是目前国际博物馆界最经常使用的定义，虽然许多国家在规范博物馆定义时会依本国的实际国情进行描述，但往往以此作为依据或参考。

我国2015年颁布的《博物馆条例》中结合我国发展实际，将博物馆定义为"以教育、研究和欣赏为目的，收藏、保护并向公众展示人类活动和自然环境的见证物，经登记管理机关依法登记的非营利组织"。其职能主要以学习、教育、娱乐为目的，对公众开放，为社会发展提供服务。

国际学术界对博物馆的职能定位一直在进行思考和讨论，尤其是20世纪80年代以来"新博物馆学派"对博物馆的身份定位与意识形态进行了广泛的反思，其中的讨论主要集中在以下三个层面。

一是精英文化与大众文化的身份定位。新博物馆学派认为，自启蒙以来的博物馆学研究与公共收藏反复将"高级"和"精英"文化置于高位，持续地利用其内在的"教化"和"约束"功能促使公众认同并适应各自的社会角色，但在大众文化迅速发展的时代，博物馆的身份成了迫切需要解决的问题。如邓肯·卡梅伦（Duncan Cameron）在《博物馆：寺庙还是论坛？》一文中提到，20世纪70年代初的博物馆正处于身份危机的旋涡内，很多学者认为博物馆的精英体制是对公共资源的浪费，"社会不再容忍博物馆机构只为少数的精英服务"。1972年，国际博物馆协会和联合国教科文组织在智利首都圣地亚哥举行了以"博物馆与当代社会"为主题的圆桌会议，认为博物馆应该从封闭走向开放，成为推动社区行动的有力促进者，建议博物馆"承担起反映社区利益的社会管理者的责任"，通过自上而下地介入社区，在社会参与中推动物质与非物质文化遗产的传播。在新博物馆学的理论框架内，"文化遗产"是博物馆重新审视身份意识的工具，发挥着重构、维护人类生存以及提供价值支撑的实际作用。

二是关于博物馆教育与娱乐的功能定位。在《教育、娱乐与机制：国际博览会的启发》一文中，保罗·格林哈尔格（Paul Greenhalgh）对比了英国和法国在展览机制上的不同态度。在英国的意识形态中，教育与娱乐是分离的，英国的知识分子也常常难以调和娱乐与"高级文化"之间的关系。"博览会的主要目的不是聚集作品，也不是吸引度假人群，而是通过精选的藏品，向公众传授艺术、科学和制作方面的知识。"[1] 实际上这种观念并不为大多数公众所接受，被作者称为"英国博物馆之病症"。与之相反，法国在展览展示中并没有刻意强调博物馆的教育和娱乐的双重性，甚至根本没有意识到二者的分离，以消费文化、沉浸式体验、平等主义的理念布置展会，成功吸引了大范围的访客。面向公众的博物馆，其教育和娱乐功能

---

[1] GREENHALGH P.Education, Entertainment and Politics: Lessons from the Great International Exhibition//VERGO P.The New Museology [M].London: Reaktion Books Ltd, 1989: 88.

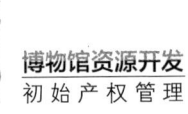

是分不开的，仅靠板起面孔的教育无法吸引大量公众参与博物馆活动。

三是"以物为主"还是"以人为本"的博物馆理念。19世纪英国设计教育的改革家亨利·科尔（Henry Cole）曾说，如果博物馆和美术馆不为教育目的服务，它们将变成乏味和无用的文化机构。这种观点在20世纪80年代被质疑，新博物馆学认为，博物馆的侧重点不应该是通过"物"来教育人，而是应该更强调"人"的体验，以公众为导向，主动探索具备社会视野的策展活动。沿着博物馆功能从"物"向"人"倾斜的方向发展，博物馆的核心功能不再局限于文物的保存和展示，而是转向公众体验和参与性研究，实际上是对社会和公众的关注。现代博物馆通常增加大量的服务性配套设施，如文创商店、餐厅、多功能厅、电影院等，努力为公众营造一种轻松的参观环境和人性化的建筑公共空间。这是博物馆功能延伸到休闲娱乐场所的一种体现，也是博物馆可持续发展的重要举措。

随着越来越多博物馆的不断涌现，公众面对博物馆类似的陈设和文物有可能会产生"博物馆疲劳"（Museum Fatigue），博物馆继续保持高高在上的姿态进行物的展陈和教育似乎已经不再能够引起人们的关注。如何去挖掘并展示自己的精神核心，如何与民众的心理和情感建立起链接，如何担负起参与经济发展的使命，如何为民族精神的凝聚和民族文化身份的认同提供支撑，成为博物馆在新时代更为重要的使命。

二、文创开发在博物馆体系中的角色

从整体层面分析，文创产品开发仅仅是博物馆社会服务职能的一部分，目前中国的大部分博物馆似乎还没有意识到文创产品开发的重要性，但从博物馆在未来社会承担的功能和发展趋势来看，博物馆要与时俱进、不被社会淘汰，开发文创产品是必然要迈出的一步。

首先，文创开发是博物馆介入现代社会的有效路径。文创是博物馆工作内容之一，但如果仅仅把文创看作博物馆纪念品的研发与销售，其意义和价值就非常受局限。从规模而言，即使故宫博物院的文创产品年销售收入在博物馆领域名列第一，但和其他文化产业比较而言，开发的领域仍然狭小。而且，受材料、工艺、技术限制，博物馆能直接接洽厂家生产的产品往往限制在纸品、纺织品、玻璃、陶瓷等少数几种材质上，而对于家电、家具、贵金属制品、智能产品等较具专业特性的产品，即使是委托专业厂家加工，受品牌、渠道、宣传、品质把控等各种限制也无法和大品牌竞争。在这种情况下，博物馆文创团队的核心任务更多在于挖掘文化资源，制定文化主题，培养、打造核心IP等方面，设计、生产、宣传、销售环节借助外部力量完成即可。在这种情况下，建立完备的授权体系，挖掘IP的文化特性和价值，协助其他产业发展，增加产品文化内涵，促进产业转型升级，成为未来博物馆文创的重要意义和价值。例如，故宫和小米联合推出了有故宫文化内容和设计元素的手机；与中国工商银行合作，一起推广"宫里过大年"展览，发行了主题银行卡，并在网站上推广数字展的宣传片。这一系列合作借助各类日常生活场景和商品，通过合作方大力推广，将故宫文化元素更好地融入生活，既宣传了文化，也获得了不错的收益。因此，博物馆文创的最终成效并不在于开发的文创产品销售量，而是如何将博物馆文化融入各行各业中，提高产品的文化附加值，成为产业升级和消费升级的助推器。

其次，文创产品是传统文化传承的有效载体。据调查，文创产品的消费群体多为年轻人,《2019年博物馆文创产品市场数据报告》显示,2018年淘宝天猫博物馆旗舰店的消费者中"90后"占53%,"80后"占26%,"90后"乃至"95后"成了文创消费的主力军,"Z世代"消费群体逐步占据重要位置。"Z世代"的说法源于欧美,意指在1995—2009年出生的人,又称网络世代、互联网世代,目前全球"Z世代"消费者总数达到26亿人。从这个角度看,博物馆文创产品简直是为Z世代用户定制的,在手机上动动指头就能购买到制作精美、充满创意、具有浓厚民族特点的个性产品,所以我们不难理解为何年青一代会成为博物馆文创的消费群体。近年来兴起的国潮热,更是年轻群体对传统文化回归的表现。国潮的关键在于用传统文化资源链接现代生活,让年轻人对传统文化产生兴趣,并形成时下新潮的生活方式。相对于文物、考古等传统专业,国潮及文创更能够引导传统文化在年轻人中传播。

最后,文创开发反映的是博物馆理念的更新与转型。文创产品开发的程度是衡量一个国家和社会文明与软实力的重要指标,也越来越成为新经济时代的"风口"。那些重视博物馆文创产品开发的博物馆往往具备大局意识和前瞻意识,能够将博物馆的发展与时代发展相结合,将文创产品作为博物馆社会服务职能的延伸,通过文创产品的开发树立博物馆的亲民形象,将博物馆作为文化旅游融合发展、青少年研学教育的重要基地,尝试创新和扩大博物馆服务社会的职能和范畴,为本地经济发展和城市知名度的提升做出贡献。而那些不愿意从事文化创意产品开发的博物馆往往思想比较保守,将博物馆定位为传统的保存、展示、研究功能中,害怕承担因文创产品开发带来的市场风险,跟不上社会发展步伐和年轻人对文化的需求,长期下去可能会失去活力和"造血"功能,仅靠国家财政拨款维系生存，在社会经济发展大潮中举步维艰。

三、国有博物馆文创开发的指导思想

平衡好公益性与市场化之间的关系。公益性是博物馆的基本属性，因为博物馆的最基本功能就是利用人类共有的公共文化产品向社会公众提供公共文化服务，收藏、展示、研究和教育仍是博物馆的基本职能。而市场化则是博物馆未来不可避免要走的路，因为随着消费升级，人们对博物馆的要求不再局限于展览展示，而是更高品质的体验和互动，"博物馆体验"[1]是博物馆需要提供的主要产品，包括有形的博物馆文创产品、餐饮、娱乐及场地租赁等服务，无形的观众参观与阅读、参与与互动、对博物馆的认知等。观众身份从免费受众向"消费者"的转变，倒逼博物馆不得不提供市场化服务。长期以来，学界一直把公益性和市场化作为博物馆属性界定中不可调和的一组矛盾，认为市场化必然会削减博物馆的公益属性，所有权和经营权的分离会架空所有权人对文化资源的管理和保护，市场的盈利属性会让经营权人缺乏保护公共文化资源的动力，在政府监管不到位的情况下对文化资源造成不可逆转的损害。如湖南省双峰县的曾国藩故居因为经营权人管理不当，白蚁肆虐，造成了不可逆转的损害。[2]这种情况是市场化初期很多学者担心的问题，随着市场机制的不断完善，人们开始

---

[1] 吴惟力.国有博物馆市场化改革问题的思考[C]//中国博物馆协会博物馆学委员会.2014年"未来的博物馆学"学术研讨会论文集，2014：12.
[2] 易玲，王静.博物馆的公益性与市场化平衡研究[J].湖南工业大学学报（社会科学版），2019（12）：103-110.

意识到市场化和公益性是相辅相成的，企业作为经营者，想要可持续发展，必须提供优质的、能够充分诠释文化资源价值的文化精品，通过破坏文化资源得到短期的商业利益，无疑是杀鸡取卵的行为。就博物馆而言，市场化为博物馆提供更高品质的公共服务，同时缓解博物馆的资金危机，公益性则扩大市场化的受众范围，二者是相辅相成的。收藏保护仍是博物馆的基本功能，开发文创产品是这一基本功能的延伸，是传统文化的当代表达，因此对文物价值挖掘得越深刻、利用得越巧妙，文创产品的品质就会越高。

处理好文物保护与开发之间的张力。长期以来，关于如何对待文化遗产，有两种态度：一种态度认为文化遗产是不可再生的、脆弱的宝贵财富，不能开发利用，一旦开发利用就会遭到破坏；另一种态度认为，文物只有通过开发利用才能得到更好保护。而在文物工作实践层面也存在两种不良现象：一种是保护不力，很多文物资源堆在库房里无人问津；另一种是利用过度，过度商业开发，导致一些文物伤痕累累甚至灰飞烟灭。因此，正确处理文物保护和开发之间的关系，做到合理、适度利用是理性态度。所谓文博领域文化产业，应是在保持文物博物馆领域公共性的前提下，以尊重和保持文化遗产的真实性和完整性为原则，运用创新思维，通过最大化文化遗产文化价值的方式，开发文物博物馆领域巨大的经济潜力，挖掘、发现、创造和实现文化遗产的经济价值。❶文化遗产的存在价值固然重要，但是仅仅保护其存在价值是远远不够的。文化遗产的真实性

---

❶ 贾旭东.文博领域文化产业的发展及其模式创新[J].江苏行政学院学报，2012（6）：30-35.

和唯一性是文化遗产一切价值的内在源泉，但是如果没有大众的广泛认同和积极参与，无论保护得多么完好，其内在源泉都将因脱离大众而枯竭。文化遗产不是死物，而是有生命力的、活着的历史和文化，应该成为大众日常生活的一部分。

以开放的心胸重新定位博物馆角色。计划经济体制下，各级博物馆由国家、省、市、县级的文化文物管理机构进行统一管理与安排，博物馆的经费、人事安排等均带有强烈的行政色彩，博物馆需要对各级文化文物管理机构负责，收藏、保管好文化文物单位委托的文物，保证文物不被破坏，就完成了博物馆的职责。但是在市场经济体制下，博物馆不再作为单一的文化事业单位，而是文化产品和文化服务的生产者与提供者，需要思考的问题不仅是保护好文物，更重要的是如何通过将文物转变为文化资源，更好地为社会公众提供服务。尤其是近年来，国家对传统文化资源的开发利用高度重视，习近平总书记多次强调要让收藏在禁宫里的文物、陈列在广阔大地上的遗产、书写在古籍里的文物都活起来，实现中华优秀传统文化的创造性转化和创新性发展。因此，博物馆要树立大历史观、大文化观，把如何最大限度地发挥文化资源的社会效益和经济效益放在第一位，放弃狭隘的将馆藏资源作为"私有物品"的观念，以更开放的心态允许更多的策划团队、设计团队、营销团队等社会力量参与到博物馆文创开发产业中，而不是将文创开发权紧紧攥在自己手中。长远来看，博物馆的资源开放程度越高，社会知名度和影响力就越大，所能够创造的社会财富也就越多，这比单纯依靠图像授权、出租柜台获利给博物馆带来的整体效益要大得多。

第二节 国有博物馆文创开发主要模式

一、市场分配机制下文创权利用的九种模式

在对文创权进行市场化初始分配的基础上，未来国有博物馆藏品文创开发可能存在九种模式。

首先，文创权资源所有方即版权方有三种可能。一是文创权归国家所有：①基于藏品资源本身进行文化创意开发，如参观博物馆时对展陈文物产生设计灵感；②基于藏品的数字化图像进行文化创意产品开发，而数字化工程由国家财政出资完成；③基于藏品数字化图像进行文创开发，数字化版权由国家和社会企业合作完成，但按照协议约定由国家享有数字化版权；二是文创权归博物馆所有：①基于藏品本身进行文化创意开发，藏品为博物馆所有；②基于博物馆展陈设计及品牌进行文化创意开发；③基于博物馆数字化版权进行文创开发，数字化工程由博物馆通过自身筹措资金完成，这种情况在国外博物馆比较常见；三是文创权归社会企业所有：基于藏品数字化版权进行文创开发，数字化工程由国家和社会企业合作完成，并按照协议由社会企业在一定期限内享有版权。

其次，文创权资源使用方也有三种主体。一是博物馆自设的文创企业，拥有独立的文创开发团队和市场法人资格；二是社会企业，除博物馆外其他的拥有市场法人资格的文创开发企业；三是个人，包括自由设计师、对文化创意感兴趣的自由人等。通过公共资源交易平台，国有博物馆

的藏品资源文化创意产品开发可以组合出九种开发模式，如表 7-1 所示。

表 7-1　国有博物馆藏品文创开发初始产权分配模式

所有者 使用者	a. 文创权归国家所有	b. 文创权归博物馆所有	c. 文创权归社会企业所有
1. 博物馆自设的文创企业	a1	b1	c1
2. 社会企业	a2	b2	c2
3. 个人	a3	b3	c3

a1 模式：文创权归国家所有，博物馆自设的文创企业通过公共资源交易平台以独占许可或普通许可的方式购买文创权，以独自开发、授权开发、合作经营等方式进行文创开发，取得的收益除以税费形式上交给国家的部分外，由博物馆自行支配。博物馆购买文创权支付的权利金由国家财政支配，按需求将部分收益分配给博物馆和公共资源平台。这种模式适合于大型的综合类博物馆、作为著名的旅游景点的博物馆以及反映重要历史事件或进程的博物馆、纪念馆等。这类博物馆拥有广为人知甚至享誉世界的重要收藏，一般都会有大规模的参观人群。充足的资金和客流量是博物馆实行这种开发模式的前提，这类博物馆数量很少，目前只有故宫博物院、中国国家博物馆等极少数博物馆。

a2 模式：文创权归国家所有，社会企业通过公共资源交易平台以独占许可或普通许可的方式购买文创权，对藏品资源进行文创开发，取得的收益归社会企业所有。企业购买文创权所支付的权利金由国家财政支配，按需求将部分收益分配给博物馆和公共资源平台。这种模式是藏品文创开发中最常见的模式，适用于大多数中小型博物馆，这类博物馆在地域范围内

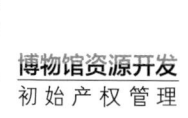

有一定的影响力，具备馆藏精品，有固定的参观人群，有开发文创产品的意愿但没有文创开发的资金和人才，就可以将待开发藏品信息在公共交易平台公布，允许社会企业和个人通过平台对藏品进行设计开发，节省成本的同时提高博物馆的知名度和影响力，开辟创造经济价值的新途径。

a3模式：文创权归国家所有，个人通过公共资源交易平台购买文创权，独立或合作完成文创产品设计，将设计稿卖给平台或博物馆，由其进行生产制作，或者通过众筹、众创的形式完成开发制作并通过适当渠道销售。设计方案知识产权归个人所有，个人所支付的权利金由国家财政支配并参与文创开发大循环。在互联网时代，这类较为灵活的文创开发模式通过公共资源交易平台打通了文物资源和众多开发方之间的壁垒，有可能成为未来社会文创开发的主流模式。

b1模式：文创权归博物馆所有，博物馆自设的文创企业对资源进行开发，开发收益归博物馆所有并自行支配，不参与公共资源交易平台。这种模式适合于博物馆对藏品拥有所有权，同时拥有数字化版权的情况，在国外是较为常见的开发模式，但我国的国有博物馆不具备实施这种模式的条件，可以成为私营博物馆从事藏品文创开发可借鉴的模式。

b2模式：文创权归博物馆所有，博物馆可以选择将全部或部分资源放在公共资源交易平台上，由社会企业购买使用权，也可以选择直接与社会企业合作，通过授权或合作的方式让社会企业参与文创权使用。开发收益由博物馆、社会企业和平台按合同约定分配。所涉及的初始权利金由博物馆支配。这种模式是国外博物馆常采用的模式之一，如大英博物馆、大都会博物馆等都通过博物馆联盟公布待开发藏品资源，或者将藏品资源在博物馆网站上公布，以授权等方式与社会企业进行合作，联合开发文创产品，让社会企业参与到博物馆文创产品开发的设计、生产、销售、运营全产业链中。

b3 模式：文创权归博物馆所有，博物馆通过公共资源交易平台或者通过文化创意大赛等方式向社会征集创意设计方案，并向中意的设计方案所有者购买知识产权用于文创开发，所收取的初始权利金由博物馆支配。这也是国外博物馆较为常见的文创开发模式，在藏品资源归博物馆所有的情况下，这种模式代表未来文创开发的新趋势，具有很大的发展潜力。

c1 模式：文创权归社会企业所有，博物馆通过公共资源交易平台购买文创权，通过自身文创团队进行文化创意产品开发，也可以与企业联合开发，或者授权其他企业开发。所获得收益由博物馆支配，初始权利金由社会企业支配，并按适度比例分配给平台和博物馆。因为文物资源的特殊性和独占性，数字化版权归企业所有的情况尚不具备可行性，c 类模式目前还只是一种理论假设。

c2 模式：文创权归社会企业所有，其他社会企业通过公共资源交易平台购买文创权进行文创开发，获得收益由开发方企业所有，初始权利金归开发方企业所有，并按适度比例分配给平台和博物馆。

c3 模式：文创权归社会企业所有，个人通过公共资源交易平台购买文创权进行文创开发，获得收益归开发方个人所有，初始权利金归资源所在社会企业所有，并按适度比例分配给平台和博物馆。

二、博物馆文创开发的模式选择方案

不同的博物馆由于所处位置不同，拥有的馆藏资源、形象品牌、陈列

展览、主题活动、人才队伍也不同，要采取不同的文创开发策略，积极稳妥地推进文创开发。值得注意的是，不是所有博物馆都适合文创开发，《关于推动文化文物单位文化创意产品开发的若干意见》中明确指出，鼓励具备条件的文化文物单位在确保公益目标、保护好国家文物、做强主业的前提下开发文化创意产品。为此，不同的博物馆应该根据自身实际情况，采取不同的策略来开发文化创意产品。

（一）引领开拓型开发模式

此种模式适合于大型的综合类博物馆、作为著名旅游景点的博物馆以及反映重要历史事件或进程的博物馆、纪念馆等。此类博物馆数量比较少，在文创开发中往往已经取得了相当可观的市场效益，大部分社会企业愿意与其开展合作，并有了较为成熟的授权模式和品牌合作模式。下一步需要塑造"大文创"概念，将文化创意产品的开发与城市文化品牌塑造、提升国家文化形象联系在一起，承担更多的社会使命，通过融合创新的方式将博物馆文创的辐射度进一步扩散到生活美学的各个领域，真正做到"将文物带回家"，将文物渗透到日常生活中。积极探索有效的文创开发模式、品牌授权模式和合作开发模式，在整个博物馆文创开发领域起到"领军者"和"开拓者"的作用。

大型综合类博物馆具有文创产品开发的天然优势，一是掌握了大量的藏品资源，为文创产品开发提供了丰富的素材；二是大型博物馆在品牌塑造、客流量等方面也具备其他博物馆难以企及的优势。如故宫博物院不仅是一家博物馆，还是世界文化遗产、5A级景区，全国人民必到的旅游景点，每年游客超过1700万人，可以说是自带光环。因此，此类博物馆可以采取文创开发的 a1 模式，即由博物馆将文创权购买下来，以自设企业开发、授权开发、合作开发等形式进行开发。

此类开发的优势在于，文创工作可以与博物馆其他工作相互配合，共同赋能，相得益彰。如故宫博物院的文创开发可以与藏品保护研究、展览展示等基础性工作及博物馆的宣传、展览等外延活动相结合，形成整体影响力。再如大英博物馆利用在中国举办百年百物特展期间推出相关的文创产品，不仅丰富了特展的内容，也创造了可观的经济效益。故宫"千里江山"系列文创源于配合 2017 年午门"千里江山与中国青绿山水画"大展。展览是复杂的系统工程，包括组织学术研讨会，出版学术论文集；开发适合小朋友的宣教课程；通过官方微信、微博等多媒体手段，全方宣传推广；撰写发放导览册，深入介绍展览内容；对展览形式进行情景化设计与创新，让观众耳目一新，产生自媒体裂变式传播。正是这样全方位的研究、宣传、教育，才能使《千里江山图》从艺术史家的狭窄圈子里走出来，进入大众视野，天才少年王希孟的故事才会被大众知晓。因此，文创往往是博物馆综合实力和影响力的表现形式之一，体现了博物馆各环节工作的配合度。这也是在当前体制下，只有国家博物馆、故宫博物院这样的大型博物馆文创开发能够取得成功的主要原因。

但这种模式也有短板，正如本书所担心的，博物馆在和产业合作过程中会面临很多风险。首先要严格选择合作方。如果对合作方的资质、市场信誉、运营情况不太了解，造成合作过程中出现产品质量或其他问题，博物馆的声誉也会受到影响，而作为文化事业单位的博物馆，不能承受这样的风险。其次是如何把握商业利益与社会效益之间的平衡。博物馆更希望通过文创传播文化内容，而合作方往往更重视经济收益，容易有夸大或导向不正确等情况,过度商业化,也会损害博物馆形象。最后是博物馆的授权专业度问题。授权过程中,每一品类授权如何把握,需要博物馆具备专业的授权知识,如果授权对象太多,导致市场出现同类产品相互竞争的现象,既会影响授权的市场效果,也会稀释授权的含金量,长久来看,会对博物馆品牌造成不利影响。

(二)创意引导型开发模式

此种模式适用于中型综合类博物馆,作为旅游景点的遗址类博物馆、行业专题博物馆和部分人物纪念类博物馆等。这些博物馆在地域范围内有一定影响力,具备馆藏精品,有相对固定的参观群体,观众人数相对稳定。这类博物馆的参观者往往是对博物馆所涉及的专业知识或特定人物有兴趣和研究的群体,对文创产品有强烈的需求,但博物馆往往不能提供高品质有创意、类型丰富的文创产品。建议博物馆主要采取 a2 开发模式,辅以 a1 模式,前期先进行文化资源的梳理和数字化,将数字化图像在公共资源交易平台展示,通过平台寻找合适的合作开发方,由资源开发方提出文创设计方案,在平台上完成授权交易,生产出的文创产品开启线上线下两种交易渠道,线上依托公共资源交易平台和博物馆自身官方网站、淘宝天猫店等,线下则在博物馆和本地公共场所开设博物馆商店。后期有条件的博物馆可以考虑成立专业的产品开发团队,在对市场需求进行充分调研的前提下,自行设计开发文创产品。也可以梳理出最受欢迎的机构藏品或元素,投放到市场中吸引授权代理商、品牌运营商、生产制造商等社会力量以多种形式介入,开展合作运营。

例如,西藏博物馆就可以采用这种模式。西藏博物馆并不缺乏馆藏资源、客流量和知名度，作为旅游胜地，平均每100个到西藏旅游的人中就有65个会到西藏博物馆参观，旅游旺季客流量可以达到6000~7000人次每天。其缺乏的是文创开发的创意与设计，文创商店品种不多、价格偏高导致很多游客有强烈的购买欲望，但买不到合适的物品。西藏博物馆的负责人谈道，很早开始就想要通过外包设计来进行博物馆文创产品的开发，但一直未找到合适的设计公司，"拉萨本土没有好的设计公司，好的设计公司费用又很高。尽管之前我们也尝试通过借助国家博物馆与阿里巴巴联合打造的'阿里云·国博云创设计研发中心'这一平台，但事实上效果并不理想。"如果西藏博物馆能够将自身的文化资源放在公共文化资源交易平台上，由平台对类似资源进行统一宣传推广，在全国范围内寻找设计公司，那么西藏博物馆这种缺乏创意的局面就有可能得到改善。

此类开发模式的短板在于，博物馆对平台的依赖程度过高，如果平台不能为博物馆提供合适的设计企业或设计人才，那么博物馆的文创开发就不能开展起来。此外，博物馆文创产品开发还需要面对多品种和大批量的问题，单独一家博物馆开发、投资大批量的产品并不太可能，而且市场风险太大。这就需要平台进行资源整合，将不同博物馆的文创产品生产整合到少数同类型企业，以降低博物馆文创产品开发的高成本和大批量问题带来的风险。

（三）资源共享型开发模式

此种模式主要适用于大部分中小型综合类博物馆、遗址类博物馆和行业专题博物馆，这些博物馆往往缺乏知名度和有影响力的"明星"单品，

且通常也不作为旅游目的地，无法确保可观的客流量。这些博物馆开发文创产品的成本比较高，且无法保证产品的销量，开发风险较大。建议这类博物馆采用"a2+a3"模式，博物馆以资源梳理为主业，充分挖掘现有藏品资源的文化内涵，并通过灵活多样、易于为大众所接受的流行传播形式对藏品资源进行宣传，如制作纪录片、开发影视动漫游戏产品、开展公益讲座、开发 App 等。另外，做好藏品数字化工程，要依托已有的公共资源版权交易平台，将有代表性的藏品资源开发权放在平台上进行授权交易，依托社会力量开发文化创意产品。而在营销方面，则在依托博物馆实体商店的同时投入更多精力在互联网平台上，通过互联网在全球范围内销售。

通过公共资源交易平台，博物馆的文创资源可以找到适合的企业或个人进行文创产品设计，然后将设计方案放在交易平台，通过众筹的方式筹措资金，一方面可以检验文创产品的市场欢迎度，另一方面也可以解决中小型博物馆经费紧张、缺乏文创开发资金的问题。馆藏资源在市场的受欢迎程度不一定与其知名度和文化价值正相关，一些造型独特、有文化内涵和历史背景的普通文化资源也有可能成为文创爆品，如故宫《海错图》文创产品开发的成功就是典型案例。资源共享型的文创开发模式就是利用长尾理论走小众化、个性化的开发路线，满足民众日益多样化、个性化的消费需求。

资源共享型开发模式的短板在于知识产权保护难度较大。利用众筹进行文创产品开发，需要先将设计方案在平台上公布，这就有可能面临被侵权的风险。2018 年，以故宫文创为主题的《上新了·故宫》开播后反响很强烈，故宫方面顺势采用时髦的众筹方式推出了"畅心"系列睡衣，以故宫畅音阁戏楼和乾隆时期的男蟒戏衣作为灵感来源，受到了消费者的一致好评。然而让产权方始料未及的是，在设计图还在网络上接受众筹投票时，仿款产品就已经在淘宝出现了。利用公共交易平台进行文创授权，尤其要注意知识产权保护。

以上三种模式都是建立在文创权归国家所有的 a 模式基础上的，也是目前适合中国国有博物馆文创产品开发的主要模式。在文创权归国家所有的情况下，可以将所有国有博物馆藏品资源的高清图像在平台网站公布，由平台统一授权给博物馆、企业和个人进行文创开发。在条件许可的情况下，这种授权也可以是免费的，只需平台对被授权对象的开发资质、市场信誉进行审查，符合要求的企业都可以直接在平台下载授权书，对资源进行使用。

至于文创权归数字化版权企业的 b 模式，目前还处于探索阶段。例如，腾讯公司与各博物馆的合作都是建立在博物馆对馆藏资源享有版权的基础上的。随着越来越多的文化科技类企业介入博物馆数字化工程，可以考虑博物馆与文化企业签订产权合同，规定数字化版权的使用方式。如果数字化版权归博物馆所有，则参考 a 模式。如果随着文化体制改革和文物管理机制改革，企业可以享有藏品高清数字化版权，则企业可以自行或委托授权公司对文创权进行经营。但从长远来看，藏品数字化版权的对外开放是必然趋势，进行数字化工程的企业可以在技术费用收取、公益宣传等方面与博物馆进行谈判，数字化版权则必须对全社会开放，任何企业试图垄断公有资源的数字版权都是不合理、不合法的。至于文创权归博物馆所有的 c 模式，在私人博物馆是可以实行的，在国有博物馆领域则没有实行的土壤。

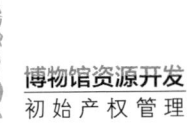

第三节　国有博物馆文创开发的制度创新

国有博物馆文创产业的进一步发展，需要先破除的是制度上的束缚。近几年来，博物馆在文创产品开发中遇到的困境很大一部分来自博物馆自身的体制机制，从制度上为博物馆文创营造良好的环境，是破解博物馆文创产业发展的关键所在。

一、明确国有博物馆的事业单位属性

2011年，国务院发布《关于分类推进事业单位改革的指导意见》，旨在完善事业单位管理制度，发挥市场作用，增强事业单位的活力。改革将事业单位分为承担行政职能、从事生产经营活动和从事公益服务三种类型。博物馆作为从事公益服务的事业单位，改革方向相对比较复杂，若作为公共服务提供单位，"不能或不宜由市场配置资源"，则划入公益一类，反之"可部分由市场配置资源"，则划入公益二类。目前，除了少数经营实力较强的博物馆，如故宫博物院、敦煌研究院被划为公益二类事业单位，允许从事经营活动，其他大部分博物馆被划为公益一类事业单位，不得从事经营活动。《事业单位财务规则》第十六条规定："事业单位应当将各项收入全部纳入单位预算，统一核算，统一管理。"按此文件精神，博物馆应该严格实施预算管理，做到"收支两条线"。有这两个文件存在，对那些依靠全额拨款的博物馆来说，真正专心搞文创的动力很弱。

第七章 博物馆资源开发的实施策略思考

然而，国务院于 2015 年 2 月发布的《博物馆条例》中允许博物馆从事经营活动，第十九条规定："博物馆依法管理和使用的资产，任何组织或者个人不得侵占。博物馆不得从事文物等藏品的商业经营活动。博物馆从事任何商业经营活动，不得违反办馆宗旨，不得损害观众利益。博物馆从事其他商业经营活动的具体办法由国家文物主管部门制定。"2016 年 5 月，国务院办公厅转发文化部等部门《关于推动文化文物单位文化创意产品开发若干意见》，就文创开发出台了一些具体政策，提出"文化创意产品开发取得明显成效的单位可适当增加绩效工资总量，并可在绩效工资总量中对在开发设计、经营管理等方面做出重要贡献的人员按规定予以奖励"。但具体应该怎么奖、奖多少都没有提及。2020 年 10 月，国家发展改革委联合教育部、工信部等 14 部委出台的《近期扩内需促消费的工作方案》第四条为："推动线上博物馆发展带动文创产品销售。鼓励具备条件的各级文博单位开发线上博物馆，结合 5G、虚拟现实等技术，增加立体式展品展示。允许文创产品开发收益可按规定用于文博单位日常支出、征集藏品、提供公共服务。"

这些相互抵触的条例和规定，说明了博物馆文创多头管理、关系复杂的现状。博物馆的直接领导单位是文物和文旅部门，但要搞文创经营，还需要税务、市场监督、财政、国资、知识产权等部门的文件支持，而要理顺人事关系和考核制度，还要经过国家人社部和编制委员会办公室等部门的批准。最重要的是，一定要和纪检部门做好沟通，否则内部规章制度同意搞文创，也出台了绩效奖励办法，但纪律监察部门不认可，直接认定为违规违法，事态就会很严重。

因此，博物馆从事文创开发，在外部管理机制上，首先，要明确博物馆的事业单位属性。建议将国有博物馆统一划为公益二类事业单位，允许其进行市场化运营，这也是解决博物馆文创发展最关键的制度环节。博物馆不得从事商业运营是从博物馆的公益属性出发的，目的是防止文物流失或者被交易，但文创开发与经营不涉及文物安全和文物流失，完全可以放开这方面的顾虑。同时，在博物馆进入数字化阶段后，数字博物馆成为文物藏品展览、欣赏和研究的主要方式，观众不再作为被动的参观者和沉默的旁观者，而是以体验者和消费者的身份对博物馆提出休闲、娱乐、学习、购物等新的要求，博物馆要满足这些需求，就不得不进行必要的市场化运营，借助社会力量完成。

其次，在认定博物馆公益二类事业单位属性的基础上，在全国范围内出台一系列规范法规或政策文件，指导博物馆文创活动的开展，让相关部门对各种情况的认定达成共识，非常有必要。比如，可以在文化领域"十四五"规划中对公有领域文化资源的开发利用进行统一协调。

二、文创开发的资金来源与收益分配

首先，国有博物馆从事文创开发的资金来源，目前仅靠财政预算拨款的形式，有很大的局限性。《博物馆条例》第五条第1款规定："国有博物馆的正常运行经费列入本级财政预算，非国有博物馆的举办者应当保障博物馆的正常运行经费。"正因为国有博物馆的运行经费完全依赖财政支持，在政府供给疲乏时，其资金危机也就一触即发，原因在于政府财政支持下的公共文化服务供给与公众的精神文化需求失衡。首先，在分税制下，地方财政对中央财源的依赖性增强。地方政府的事权逐渐扩大，财权却在不断缩小空间，由此出现的"有权无财、事权和支出责任不相匹配"现象❶，导致地方政府在公共文化服务供给上颇显乏力。其次，为实现公共资源的最优配置，政府公共服务的目标应与公众需求一致❷，而现实中社会公众对公共文化设施、文化产品及文化活动的需求与日俱增，政府的供给疲乏导致供需矛盾日益激烈，因此，公共文化服务供给的政府疲乏成为博物馆等公共文化机构市场化转型的直接原因。

国有博物馆作为公益机构，承担着公益服务的职能，但并不意味着政府的财政收入可完全满足国有博物馆的运营需求。《公共文化服务保障法》明确规定公共文化服务"由政府主导、社会力量参与"，说明现阶段我国公共文化服务接受和鼓励多渠道的资金投入。事实上，美国、英国、日本等国家在文化事业发展中的资金来源主要分为财政收入和社会捐赠两部分。社会捐赠的动力大多来自税收优惠政策。❸我国公共文化机构缺乏社会资金的支持，仅依赖财政投入并非长久之计。

在从事博物馆文创开发的资金来源方面，一是政府可以成立博物馆文创基金会，划拨给基金会专项资金用于博物馆文创产业，由基金会从专业视角考察文创项目和审批文化机构的资金申请，从而合理决定政府资金如何划拨，并且形成对政府资金使用情况的监督机制。二是利用财政资金引导社会资本投入，如借鉴美国的做法，政府运用税收优惠政策鼓励民间的文化捐赠，即向公益性文化团体捐赠的个人可以获得个人所得税、遗产税

---

❶ 涂云新.中央与地方财政划分的宪法治理难题[J].法学评论，2017，35（6）：41.
❷ 张凤彪，姚依丹."健康中国"战略下公共体育服务供给方式研究[J].湖南工业大学学报（社会科学版），2017，22（4）：30.
❸ 陈永正，董忻璐.西方发达国家公共服务财力投入模式与借鉴（下）——公共文化和社会保障方面[J].行政论坛，2017，24（2）：124-126.

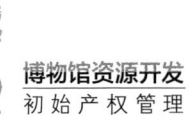

或赠与税等优惠，企业捐赠可以获得企业所得税优惠，或者建立基金会等第三方资金管理平台，基金会不仅可以从政府获得部分资金，还可以面向社会募集更多的资金投入。三是鼓励更多社会企业从事博物馆文创开发，对于从事博物馆文创产品开发的文化企业，可以提供各种融资优惠，并在增值税、个人所得税方面提供适当减免，为文化企业在水费、电费、房屋出租费等方面提供适当补贴。

在国有博物馆从事文创开发的收益分配方面，目前，国有博物馆对进行文创产品开发所取得的收入主要有以下几种处理方式：一是把文创产品取得的收入作为经营收入，弥补本单位经费不足；二是部分较大的博物馆把文创产品收入上缴国家财政；三是部分较小的博物馆只收取部分文创产品实物作为赠送之用，不进行经营，也不做财务处理；四是部分博物馆利用具有影响力的展览，投入资金开发相关配套文创产品作为赠送之用，不做财务处理。整体上来看，目前国有博物馆并没有处理好文创开发带来的收益分配问题，如果将文创开发收益上缴国家财政，按照现行预算方式，上缴财政的资金可能会返还部分，但为控制预算支出总额，实际上财政或多或少会用返还的收入抵扣下年的预算，由此导致下年度的财政拨款收入减少，博物馆从事文创开发不仅没有收回成本，反而导致了下年度财政拨款的减少。如果文创开发收益不上缴国家财政，则无法通过财政和审计部门的年度审计，如果博物馆不能拿出明确文件规定如何处理文创产品收入，就会被认定为不符合规定的收入，文创开发行为也将被认定为违规行为要求取消。而如果博物馆将文创产品视为馈赠礼品，完全不进行商业化运营，则不能满足人民群众的文化消费需求，是与市场化背道而驰的行为。

因此，要解决博物馆文创开发的收益分配问题，需要将博物馆文创收入作为一个独立的体系纳入非税收入，不需要统一上缴财政，同时不扣除上缴单位下年度资金预算。但国有博物馆需要向国家财政提交文创开发财务报表，提供年度文创产品开发支出与收入，并制定明确的文创开发收益分配规则，如将文创开发中的收益按比例分配给博物馆日常维护运营、文物保护与修复、社会文化普及及公益活动、文创工作人员的绩效收入等。保证这部分资金用于提高文化资源的社会效益，并能够调动博物馆内部人员从事文创开发的积极性。

在博物馆与被授权企业之间的收益分配上，按照本书的设定，国有博物馆作为公有文化资源的提供者，在图像授权方面不收取被授权企业任何费用，所收取的权利金仅来源于博物馆自身的品牌运营和商标授权。权利金的收取比例可以通过合同约定，采取固定数量收取、按比例收取、先行支付押金，或者收取固定资金后按销售数量返还等方式都可以，目前国内外已经形成了较为成熟的管理模式。

三、博物馆文创产业的法律保障制度

没有法律的保护，博物馆文创开发将会陷入无休止的知识产权纷扰，最终无法建立现代产权市场。文创权作为一种新兴产权，并没有得到现有法律体系的认可，本书也无意在现行法律体系中增加文创权保护这一专门条款，因为从国家法律制定的规律来看，随着新生事物不断涌现，法律的保护体系会越来越宏观，而不是不断针对新事物出台新法律，使法律体系越来越庞杂。利用现有法律体系，就可以构建出博物馆文创保护的安全

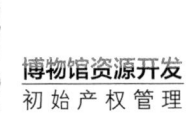

网。具体来说，对博物馆文创开发的保护主要基于《著作权法》《商标法》《专利法》《反不正当竞争法》，共同构成文创权的三重保护体系。

第一重保护:《著作权法》。《著作权法》是目前文创开发最常用的法律依据。《著作权法》（2020版）第三条规定，著作权保护的作品是指文学、艺术和科学领域内具有独创性并能以一定形式表现的智力成果。基于博物馆馆藏开发的文字、口述、音乐、美术、摄影、影视等作品都受到《著作权法》的保护。目前博物馆用《著作权法》保护的主要是藏品的高清图像，即数字版权。但按照本书的分析，藏品的数字化版权本不应该属于博物馆所有，而是归属于藏品数字化工程的提供方，如果藏品数字化工程由国家财政出资完成，则这部分资源应该可以免费对外公开，完全没必要进行版权保护。所以，在博物馆文创领域，《著作权法》保护的对象应该是文创产品本身的知识产权，如基于馆藏资源创作的文学影视作品的版权、文创产品的外观设计权等，被保护的也是文创产品设计者的权利，而不是博物馆的权利。

目前这一领域的困惑在于如何界定文创产品的著作权，相关的法律问题层出不穷。例如，利用他人的文创作品创作出相同或近似的作品，是否构成对原作者的侵权？在故宫博物院推出文创雪糕后，很多旅游景区、博物馆纷纷推出基于自身建筑特色的文创雪糕，是否构成创意侵权？在泡泡玛特推出盲盒并在市场上大受欢迎后，一些博物馆也推出基于本馆馆藏文物的文创盲盒，这是不是侵权的表现？某非遗传承人创作的剪纸作品被其他人做成刺绣、书籍封面，是否构成侵权？如果不对这一问题进行规范，就难以解决目前博物馆文创产品的同质化问题。

第二重保护:《商标法》《专利法》。当文创产品被认定著作权有问题时，还可以及时申请设计专利与商标注册。专利包括发明、实用新型和外观设计等类型，文创中涉及较多的是外观设计专利，如果流程得当，外观设计专利的申请流程可在6个月内完成。故宫在文创开发中就曾经侵犯过别人的设计专利。2018年3月，"故宫淘宝"推出一款身着清代服饰的"俏格格"娃娃，十分可爱，然而不久被投诉该娃娃的身体设计与国外某品牌玩偶相似。故宫方面反应很快，马上将该款娃娃全部下架，已经售出的一律召回退款。直到2019年10月，经过重新设计的故宫娃娃才再次低调上架。当然，故宫文创被他人侵犯合法权益的时候也很多。如故宫结合综艺节目《上新了·故宫》推出的畅心睡衣在众筹期间就被模仿，山寨产品层出不穷等。这些都可以通过《专利法》进行保护。

商标注册也是行之有效的保护方式。文创产品是可以积极申请注册相应商标进行保护的，当前很多博物馆都很重视商标的申请工作，截至2017年6月，我国100多家国家一级博物馆在中国商标网上已经注册的商标就有将近3000种，排名前五的是中国国家博物馆573个、故宫博物院288个、陕西历史博物馆180个、敦煌研究院170个、河南博物院148个，注册商标的种类有博物馆名称及简写、标志性建筑图案、馆藏精品文物图案元素等。

此类保护的问题在于，商标注册虽然是文创产品保护的有效手段，很多博物馆也将镇馆之宝作为商标注册的重要来源，但以馆藏文物作为商标注册对象是不符合馆藏资源全社会公有原则的，属于文化资源不公平占有的不当行为。而且商标和专利的申请时间都很长，一般需要6~12个月，等商标和专利申请成功，文创市场有可能已经被同类产品占领，或者消费热点和消费潮流发生了变化，文创开发就失去了市场先机。

第三重保护:《反不正当竞争法》。2016年,著名作家金庸起诉作家杨治及相应出版机构著作权侵权及不正当竞争,最终法院没有支持金庸提出的著作权侵权的诉求,而是以杨治出版的图书刻意借用金庸相关作品人物形象与情节的事实,认定杨治行为触犯了《反不正当竞争法》,判令其赔偿金庸相应的损失,并刊登道歉声明、停止不法行为。此案例对博物馆文创的启示在于,在其他三项法规不易发挥作用的模糊地带,可以利用《反不正当竞争法》规范文创市场。也就是说,未经他人允许模仿他人创意创作相似的文创产品,或者侵犯他人商业机密、技术机密,抢注专利、恶意利用他人专利的行为,都可以通过《反不正当竞争法》进行救济。《反不正当竞争法》的优势在于它更为概括、原则,保护范围更广,在博物馆文创这个新兴交叉领域,很多法律上没有触及的新兴事物都可以试着通过《反不正当竞争法》来填补空白,营造更为立体、全面的保护体系。

博物馆的文创工作已经进入一个既关键又微妙的时期,一方面,市场的热度不断升温,需求很旺盛,另一方面,受制于种种因素,供给端的潜能没有充分释放。希望在"十四五"时期,博物馆的改革能取得较大的突破,在体制、人事、经营等各方面都有所破局,从而为博物馆文创产业充分赋能,加速吸引社会资本和专业人士不断进入,推动博物馆文创产业又好又快发展,打造我国知名的文创集团和品牌。

CHAPTER EIGHT

第八章

研究结论与研究展望

  国有博物馆资源开发的文创权是一种独立于其他知识产权的虚拟产权，是博物馆文化资源开发利用的产权基础，包括自主经营权、开发收益权和资产处分权。只有将文创权从博物馆藏品所有权中剥离出来，形成博物馆文创产权市场，博物馆文化创意产业才能发展繁荣。

  对文创权的配置，根据帕累托最优的原则，应该将效率和公平作为考量标准，通过逻辑推演可以发现，向全社会免费开放版权的市场配置方式是更有助于博物馆文创开发的资源分配方式，借助公共资源交易平台，可以更好实现文创权的初始产权交易。但文创权作为一个新的概念，在产权再配置、收益分配等问题方面仍有很大的研究空间。

第八章 研究结论与研究展望

第一节 研究结论

产权清晰是一切市场交易的前提。对产权制度的明确界定是国有博物馆藏品资源文创开发首先要解决的瓶颈问题。本章在前七章对国有博物馆藏品文创开发的背景和意义、文创权的概念界定、文创权初始配置衡量标准、文创权初始产权制度设计的基础上，对全文的研究结论进行梳理和总结，并对未来可能的研究方向进行展望。

本书以产权经济学相关理论为基础，突破现有国有博物馆体制机制的限制，从理论上重新思考对国家文物资源进行文化创意开发，让文物"活"起来应该采取的产权制度问题。在对国有博物馆藏品资源开发中所涉及的产权性质、资源配置方式及其评价进行分析的基础上，得出理想化国有博物馆藏品资源开发中所涉及产权的理想制度模式。主要结论如下。

国有博物馆是国家文物资源的保管者，但并不必然是文创开发权的所有者。国有博物馆的文物资源是全人类共同的精神财富，属于全体人民所有，由政府主管部门代替全体人民享有所有权，政府主管部门委托国有博物馆对文物资源进行保管、整理、展示和利用，但却没有明确的法律文件规定国有博物馆享有利用藏品资源开发文创产品的权利。而文物资源所有权归全体人民所有，则会出现所有权虚置的局面，究竟谁可以享有利用藏品资源进行开发并获得收益的权利，权利应该按照什么样的标准进行分配，权利如何进行转移、让渡和使用，这些是利用博物馆藏品资源进行文创开发先要解决的问题，有必要对此进行系统研究。目前国有博物馆文创

开发存在一定的误区，将藏品资源的开发权理解为博物馆的权利，导致社会力量很少有参与藏品资源开发的积极性。而国有博物馆在属性上又是公益一类事业单位，"收支两条线"的管理体制限制了博物馆文创开发的经费来源，也抑制了博物馆从事文创开发的积极性。实际上这种产权配置方式是盲目的，没有经过系统科学的设计。

为了便于对博物馆藏品文创开发中形成的财产权进行分析，本书提出了"文创权"的概念。物权关系中，经营权是可以与所有权相分离的，文物资源的所有权归国家，但利用文物资源进行文创的权利却是一种新生权利，目前还没有明确界定，本书将这种权利定义为"文创权"。文创权的内容包括自主经营权、开发收益权和资产处分权，其权利主体是包括博物馆在内的所有有法人资格的市场经营主体。在法律权属定位上，文创权属于用益物权的范畴，包括利用文物资源进行文创产品开发所涉及的占有权、使用权和收益权。文创权是虚拟产权，现实法律中相对应的是商标权、著作权、专利权中的相关条款，可以通过这些条款对现实文创开发中所涉及的侵权问题进行救济。从权利分配的角度来看，文创权可以分为初始配置和再配置两个层面。初始配置是文创权所有者第一次向使用者让渡，再配置是使用者之间的权利转让及调整。限于篇幅，本书主要研究文创权的初始配置。

文创权作为一种能够产生巨大经济效益的产权类型，如何进行分配关系到各相关权利主体的利益分配及社会整体效益，选择什么样的方式进行配置至关重要。通常的资源配置方式有市场配置方式和行政配置方式两种。市场资源配置方式通过价格、利率、工资及收入、产权交易、投融资等对资源进行配置，在文创权的初始配置中表现为所有市场主体通过公开资源、公平竞争的方式取得文创权。行政配置方式主要通过从上到下严密的计划计算来进行资源分配及生产计划的制订，表现方式为委托—代理、政策引导、财政补贴、税收、政府采购等。在文创权初始配置中表现为直接将文创权委托给某一市场主体。这两种资源配置方式各有利弊，在现实资源配置中往往采取混合运用的方式，但总体上来看，市场配置方式更符合社会发展趋势。

选择文创权配置方式的依据有效率和公平两种。首先是资源配置效率，本书以帕累托效率为参照依据，选取投入方式、经营方式、收入效益三个维度对市场和行政两种资源配置方式进行比较。从投入方式分析，行政配置方式投入主体主要是政府，依靠国家财政进行投资，人才投入主要靠内部培训和内部晋升进行管理，市场配置方式投入主体多元化，通过现代投融资体系进行资金投入，人才培养依靠市场机制优胜劣汰。经营方式上，行政配置方式以政府管制、法律制度和考核晋升作为对信息不对称和委托—代理人利益不一致问题的解决方案，市场配置方式则以信号传递机制、信誉机制和股份分红作为以上两个问题的解决方案。对于收入效益，行政资源配置方式存在信息不完全导致的决策失误概率较大，企业有可能因"寻租"导致租值耗散等问题，导致投入产出比没有靠提升战略、创新、品牌获利的市场资源配置方式的投入产出比高。总体上看，利用市场方式进行资源配置效率更高，但在制度规则制定方面仍需行政配置方式协助。

对于资源配置中的公平问题，本书选取资源占有公平、竞争机会公平、竞争规则公平三个指标对两种资源配置方式进行比较。从资源占有公平角度来看，行政配置方式直接将文创权委托给某开发主体，显然没有通

过公开竞争取得文创权的市场配置方式公平。从竞争机会公平角度来看，行政配置方式可以通过政策倾斜、税收引导、公益培训等方式对弱势市场主体的开发能力进行培养，有利于实现竞争机会公平，但同时，不公平的制度规定也会直接剥夺某些群体的竞争机会，是一把"双刃剑"。从竞争规则公平来看，竞争规则公平包括竞争中立的价值观、竞争规则制定中的平等参与、竞争规则的强制执行，在这方面市场配置方式更能够保证价值观中立和所有主体平等参与。总体上，市场配置方式更容易实现文创权配置中的公平。由此得出结论，市场配置方式是文创权初始配置最理想的资源配置方式。

在以上分析的基础上，本书提出文创权初始分配的理想模式，即政府主管部门通过国有博物馆将所有待开发的文创资源向全社会免费公开，允许所有社会主体对藏品资源进行任何形式的开发利用。但是由于对藏品资源的整理和维护需要大量的资金和人力，仅将藏品资源作为公益资源的模式尚不具备实现的现实基础。目前更多可以采用的模式是市场化的初始产权分配模式，即借助公共资源交易平台，文创权资源拥有方和使用方在平台登记注册，通过项目对接、公开竞标等形式实现文创权的初始产权交易。

第二节 研究展望

本书的研究是建立在理论基础上构建的理想化的产权制度设计模型，尚未经受过实践的检验，随着博物馆文创产业的发展，必然有些本书没有考虑到的问题出现，因此文中的观点也需不断修正和完善。加上笔者研究能力和实践经验的限制，与国有博物馆文化创意产品开发相关的课题未来还有很大的研究空间。

一是文创权产权再配置问题。由于篇幅限制，本书的研究仅局限在文创权的初始配置方面，实际上文创权的产权再配置问题也是文创权制度设计中非常重要的环节。对于文创权走向市场之后如何进行权利的转移和让渡问题，目前学界的研究更多关注博物馆授权，而基于市场化资源配置方式下公共平台交易时代的授权问题还没有受到关注，授权的主体已经不再局限于博物馆，公共资源交易平台、版权所有方的社会企业也都可以是授权主体。在这一颠覆性变化下，授权程序、授权模式、授权内容也将发生改变，如何树立新的授权规则也是未来值得关注的问题。

二是其他文化文物单位文创产品开发中的产权问题。除了国有博物馆之外，其他的国有文化文物单位，包括国有图书馆、国有美术馆等也都面临着文化创意产品开发中的初始产权配置问题。并由此延伸出国家不动产文物资源的文化创意产品开发中的产权问题。这些文化文物单位虽然和博物馆在体制机制上有相似之处，但在藏品性质、经营管理和产业化开发中也有自身独特的运行机制和市场规律，需要对不同类型的文化文物单位进行分门别类地研究，设计出精准科学的产权配置制度，以便于这些单位中所收藏的文化文物资源的合理开发利用，产生更大的经济收益和社会效益。

三是公共文化资源商业化开发的收益分配问题。公共文化资源作为全民共有的精神财富，被某一特定主体用来进行文化创意产开发并获得经济收益，这些经济收益应该是归全民所有还是归开发主体所有，或者二者之间应该按照什么样的原则和方式进行收益分配，才能够保证公共文化资源的公共属性不被动摇的同时调动市场开发主体的开发积极性，二者之间如何做到协调和均衡，到目前为止这个问题还没有定论，需要进一步展开研究。

附录　国有博物馆文创开发经典案例

1. 故宫博物院的文创开发

故宫博物院文创是国内博物馆文创的标杆。故宫博物院成立于1925年，是建立在明、清两朝皇宫基础上的综合性国家级博物馆，是世界上现存规模最大、保存最完整的古代砖木结构宫殿建筑群，1987年列入《世界文化遗产名录》，也是首批全国重点文物保护单位。故宫博物院共有文物藏品资源186多万件（套），其中一级文物8273件（套），占中国文物系统博物馆一级文物的1/6。故宫博物院是国内最早从事文创产品开发的文化文物单位，2008年，故宫博物院成立了以"将故宫文化带回家"为开发理念的故宫文化创意中心，开始进行文创产品研发。截至2018年，故宫博物院共开发出文创产品13000多种，年营业收入在15亿元以上，在国内博物馆文创开发领域一直起着引领和典范作用。

挖掘文化特色，分门别类开发

每个博物馆都有自己的特色。故宫博物院在文创特色方面首先立足于

皇家文化，利用民众对皇家文化的神秘感和好奇心，开发出系列与大众亲近、与传统形成反差、适合不同群体的文创产品。故宫博物院的游客既有专家学者、各国元首及外国友人，又有大中小学生、偏远贫困地区的群众，游客对故宫的认识和需求差异巨大。大众游客对故宫的理解和认识，往往是从清宫剧等流行文化开始的。面对大众游客，文创产品要物美价廉、容易理解，不求过多的知识储备，如各种"萌萌哒"的皇帝、皇后、格格、阿哥的人偶摆件、书签、钥匙链类的产品，改变了故宫高冷、神秘、威严的形象，拉近了游客和故宫的距离。而对于把故宫看作博物馆、以展览学习为目的、有更深层次专业需求的人而言，需要更具质感的礼品，要求文化元素突出、设计新颖、包装精致。还有一部分以收藏为目的的消费者，更为高端小众，需要大师作品、限量作品等更为独特的产品。附图1为故宫博物院根据清宫皇家文化开发的"萌萌哒"系列文创形象。

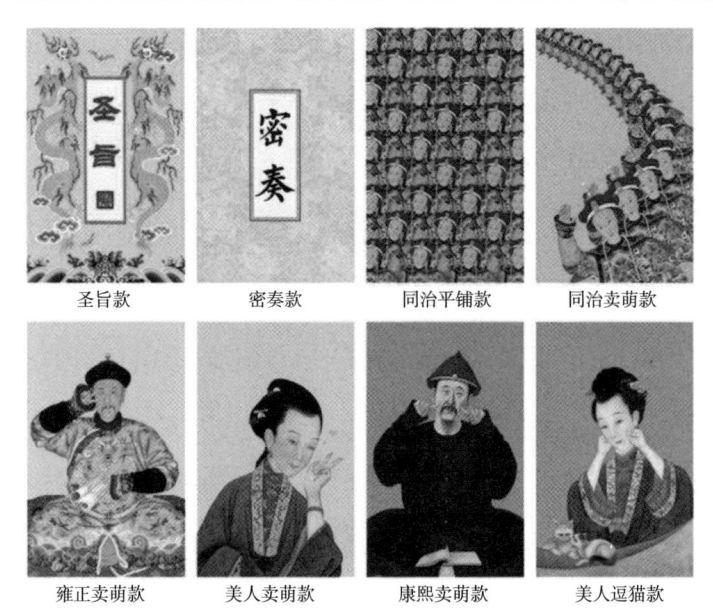

| 圣旨款 | 密奏款 | 同治平铺款 | 同治卖萌款 |
| 雍正卖萌款 | 美人卖萌款 | 康熙卖萌款 | 美人逗猫款 |

附图1　故宫萌萌哒系列文创形象

针对不同需求，故宫博物院既有不同的研发团队，也开辟了不同的销售渠道。故宫淘宝和院内主要游览线路上的文创产品以亲民的大众产品为主；故宫书店和故宫天猫旗舰店以销售更有文化品质的礼品为主；故宫文化创意馆着重销售更为精致、更有收藏价值的文创产品。

筛选合适素材，提炼文化符号

故宫博物院有186多万件（套）藏品，但并不是所有藏品都适合作为文创构思的源泉。只有打造符合时代需求的知名IP，才能有效传播藏品的文化价值。选取哪些文物作为文创素材，要考虑主题是否喜闻乐见，构图色彩是否便于呈现，但更重要的因素是藏品是否具有深厚的文化内涵和广泛影响力。例如，《清明上河图》具备强大的知名度和传播力，主题文创只要设计精彩、实用性强就备受欢迎。但更多藏品需要文创研发人员逐步发现挖掘它的美和价值，才能渐渐成为热门IP，被广大消费者接受。

故宫博物院藏品《海错图》，是康熙年间福建民间画师描绘的海洋生物图册。此图册并非艺术史名作，也不是国家一级文物，在博物馆绘画体系中并不是重点研究对象。但从文创角度考虑，这份图册就很有意思。首先，这是少见的清代宫廷收藏的博物学资料，有科学研究价值；其次，海洋生物的描绘并非完全写实，而是有很多浪漫想象色彩，和《山海经》之类的古文献及民间传说密切相关，可以和文学以及神话故事连接起来；最后，对海洋生物的呈现非常自由活泼，面目神情可爱讨喜，图像很容易被接受和传播。

通过以上分析，故宫博物院文创团队认为《海错图》这个IP很有潜力，能够通过挖掘和推广成为喜闻乐见的形象，于是开始持之以恒地传播。首先，在故宫博物院和腾讯合作的"NEXT IDEA"大赛中将《海错图》作为 QQ 表情包大赛素材广泛宣传，请动物学专家分析研究，请有广泛影响力的微博大 V"博物君"讲述《海错图》里的生物；同时，故宫博物院文创团队着手进行"海错"主题的各类文创，包括小家电、装饰画、家居用品等。之后，故宫博物院又和招商局合作，将海错元素变成多媒体数字海洋科普教育展，在全国巡展。故宫出版社和中信出版社联合出版了针对少儿的《故宫里的博物学》，成为知名畅销书。一系列研发推广，共同造就了《海错图》这一知名 IP，而这一知名 IP 又赋能到各种文创产品中，形成互相促进的正向循环。附图 2、附图 3 是根据《海错图》开发出的系列文创产品中的典型代表。

附图 2 《海错图文创鱼》嘴零钱包　　　附图 3 《海错图》U 型枕

多品牌异业跨界，强化品牌 IP

故宫博物院通过与其他品牌的合作，不断扩大文创的边界，开拓文创新领域。故宫博物院与腾讯合办了"表情设计"和"游戏创意"两个比赛，腾讯提供平台，诞生了一批"雍正剪刀手"等好玩有趣的表情包和红极一时的朱元璋皇帝《穿越故宫来看你》H5 互动小游戏。故宫博物院与老字号糕点稻香村合作推出高颜值礼盒，糕点创意来源于乾隆生母、甄嬛的原型钮钴禄氏，连礼盒名称都模仿了"甄嬛体"，定名为"极好的·点心"礼盒中的贵妃酥就是靠名字被故宫博物院选中的,蛋黄酥被命名"凤羽莹金"。故宫博物院与民生银行联名发布信用卡——君让臣美,臣不得不美;君让臣刷,臣不得不刷。与卡地亚合作,推出纪录片《唤醒时间的技艺》,讲述了故宫博物院与卡地亚的钟表技师携手6件故宫馆藏钟表文物的故事。在异业跨界合作中,故宫文化得到在更广阔领域中的推广。

制造热点,丰富多维传播渠道

故宫博物院文创不断地制造热点,延伸了故宫 IP 的维度,使故宫博物院文创成为一种现象级的传播。从之前的《我在故宫修文物》大型纪录片,到《我在故宫修文物》大电影,再到国礼送一幅《千里江山图》名画,抑或是《上新了·故宫》综艺节目等,都表明故宫 IP 进入了泛娱乐化综艺化的发展阶段,不断增加品牌的曝光度,给文物赋予生命,让文物活起来。

2. 敦煌研究院的文创开发

敦煌文创注重数字文创产品的开发。敦煌研究院是负责世界文化遗产敦煌莫高窟、天水麦积山石窟、永靖炳灵寺石窟,全国重点文物保护单位瓜州榆林窟、敦煌西千佛洞、庆阳被石窟寺管理的地厅级综合性研究型事业单位。2016 年,敦煌研究院文化创意研究中心成立,在敦煌研究院这个母品牌下主要分为"如是敦煌""念念敦煌""星空下人类的敦煌"三个子品牌,主要项目分别是挖掘阐释敦煌艺术、对外品牌合作和组织举办公众活动。截至 2017 年年底,敦煌研究院共取得注册商标 108 个,其他知识产权 30 项,全年文创产品销售额 1708.3 万元。

扬长避短，发展数字新文创

敦煌研究院的文创特色是注重对 IP 数字化的研究，形成数字化文创产品，这与其相对偏远的地理环境和脆弱的洞窟壁画有着密不可分的联系。敦煌研究院与腾讯达成战略合作，将数字化技术与丝路文化深度融合，推动敦煌文化乘上数字丝路的快车，形成以数字化文创产品为核心的博物馆文创新模式。2017 年年底，两者携手发起"敦煌数字供养人"计划，号召大众通过游戏、音乐、动漫、文创等多元数字创意参与到敦煌文化的保护和传承事业中，成为新时代的敦煌数字供养人。在合作一周年之际，该计划推出新年数字创意活动——敦煌诗巾，号召公众通过数字文创手段成为敦煌数字供养人。在腾讯文创平台上搜索小程序"敦煌诗巾"，就会看到从敦煌壁画中提取出的较具代表性的 8 大主题元素和 200 多个壁画细节元素，用户可以任意组合、设计，一键下单定制实物诗巾，购买这份别具意义的 2019 乙亥年新年礼物。附图 4 是敦煌诗巾样品之一。

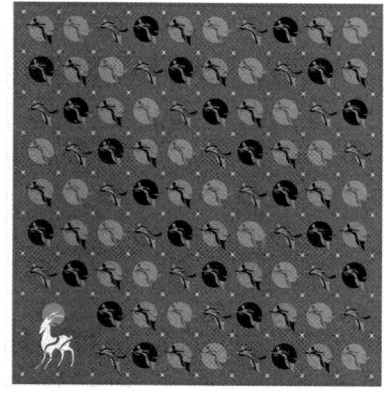

附图 4　敦煌诗巾图案样品

云游敦煌，技术拉近距离

2020年2月20日，敦煌研究院联合人民日报新媒体、腾讯共同打造的微信小程序——"云游敦煌"抢先体验版上线，这是首个集探索、游览、保护敦煌石窟艺术功能于一体的微信小程序。通过"云游敦煌"小程序，用户足不出户便可畅享敦煌艺术之美，了解敦煌壁画的艺术类型、朝代、颜色、敦煌文化等，同时还具有很强的互动性。用户在小程序上除了可以近距离领略敦煌石窟艺术的风采、敦煌石窟主题内容，更有每日"私人定制"壁画故事和与之契合的智慧"画"语，让经典文化更贴近人们的日常生活，让古人的智慧赋予日常生活更多仪式感。

触手可及，观众参与创作

2020年4月13日，以莫高窟经典壁画为原型，敦煌研究院携手腾讯旗下腾讯影业和腾讯动漫联合出品的"敦煌动画剧"在微信和QQ小程序"云游敦煌"上同步首映。用户不仅可以观看和分享该系列动画剧，还可以亲身参与动画剧的配音和互动。

从首映日开始，"云游敦煌"每日连续更新敦煌动画剧，共有《神鹿与告密者》《太子出海寻珠记》《谁才是乐队C位》《仁医救鱼》《五百强盗的罪与罚》五部动画剧。敦煌研究院院长赵声良和腾讯集团副总裁程武也一起担任敦煌"说书人"，为动画剧倾情配音。同时，联合出品方腾讯影业和腾讯动漫旗下的战略合作艺人、知名角色的配音演员等也参与了动画剧配音，以其公众影响力进一步推广敦煌文化。

为进一步助力敦煌文化的赋活创新，QQ音乐从2020年4月13日开

启为期半个月的"云游敦煌——故事征集"活动，鼓励用户从敦煌千年壁画的动画故事中收获灵感，并录制自己讲述或解读的敦煌有声故事，分享对敦煌文化的体会及感悟。用户在 QQ 音乐的专题页面不仅将欣赏到经过数字化创作、加入栩栩如生的动态场景和人物动作后仿佛"活"了起来、生动有趣的"敦煌动画剧"，更能一起来参与"有声"新文创，通过录制自己的音频故事的方式，分享对敦煌壁画的心得和感悟。

全民 K 歌也联合敦煌研究院、腾讯集团于 2020 年 4 月 13 日发起为期一个多月的"云游敦煌——敦煌画语传颂人征集大赛"。通过声画结合、生动有趣的现代化互动方式，用户可以在全民 K 歌 App 中选取以莫高窟经典壁画为原型的"敦煌动画剧"中不同的故事角色进行创意配音。敦煌研究院聘请专家评委，将与大众共同评选出一位最佳传颂人，成为敦煌壁画官方"数字讲解员"，用户的配音作品将被收录在"云游敦煌"小程序中，用自己的声音生动地为所有进入线上敦煌博物馆的访问者讲述敦煌壁画千古流传的故事。

通过数字化的技术，人们足不出户就可以感受敦煌的全貌，每个人都有机会通过重新编辑、重组敦煌的各种文化符号参与到对敦煌文化的创新和传承中来。同时，也让这个文化符号发挥更广泛的影响力。敦煌文创不再只是一种博物馆的纪念品，而将通过你我的创意，成为一种针对莫高窟的人文体验，是能够把"莫高窟与敦煌文化艺术"带回家的体验，让观众能够切身同感受到敦煌莫高窟与自己保持着近距离沟通，并且通过好的敦煌文创产品可以将敦煌莫高窟的记忆长久地存储。

3. 苏州博物馆的文创开发

苏州博物馆走的是江南"婉约派"路线。苏州博物馆由著名华人建筑师贝聿铭设计建造，是一座现代化馆舍建筑、古建筑和创新山水园林三位一体的综合性博物馆。虽然新馆在2006年才建成，但在文创产品的开发上苏州博物馆却远远走在前面。2013年，苏州博物馆依托自己明清时期的文人文化，以明朝时期著名江南四大才子之一的文徵明亲手种植的历经500多年的紫藤树为背景，开发出"文衡山先生手植藤种子"这款文创产品，在市场上引起了极大的反响，被誉为"最具生命力的文创产品"（见附图5）。根据馆藏秘色瓷莲花碗开发的曲奇饼干使苏州博物馆成为全国网红（见附图6）。2018年，苏州博物馆文创销售额达到8000万元，与故宫博物院和其他一些大型省级博物馆相比，在文物资源上有着先天劣势的情况下，苏州博物馆走出了一条独具江南特色的文创之路，尤其值得其他博物馆学习。

附图5　文衡山先生手植藤种子　　附图6　秘色瓷莲花碗曲奇饼干

博物馆资源开发
初始产权管理

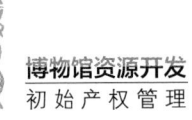

苏州博物馆文创开发元素

苏州博物馆主要依靠三大元素进行文创开发：一是苏州为吴文化发源地，素有鱼米之乡、丝绸之府、园林之城、文物之邦之称，其中包含丰富的文化意蕴；二是苏州博物馆自身的建筑风格，由贝聿铭设计的博物馆本身就是一件艺术品，可以作为建筑美学进行文创开发；三是苏州博物馆馆藏的珍贵文物，如秘色瓷莲花碗、彩绘四天王木盒、真珠舍利宝幢等，是文化创意的主要来源。在此基础上，苏州博物馆将文创产品分成镇馆之宝、吴门四家、苏博建筑、过眼云烟四大系列进行分类研发，侧重点分别是明星文物、吴中文人作品、建筑风貌以及烟云楼常设展览。文创产品涵盖美食、首饰、文具、提包、食品、非遗工艺品等多个领域，带有明显的苏州风格。

苏州博物馆文物资源开发模式

①自主开发。苏州博物馆通过专门成立的文创部，利用其专业学术优势，将馆内文物蕴含的独特文化符号加以提炼，对馆内文物进行自主开发。设计人员研发的产品属职务作品，版权归博物馆所有。②授权开发。苏州博物馆通过与开发商签订《IP授权协议》，将已有文创产品、商标等成果授权给开发商，由开发商对文物元素进行研究开发，包括广告开发、游戏开发等，收取相应的授权费用，并约定知识产权归属。③联名开发。通过公布开放IP授权的馆藏信息，招募优秀创意方进行联名合作，在文创产品上印制双方Logo进行出售并分配利润。④技术委托。委托市场上的第三方投入技术对文物元素进行开发，苏州博物馆向开发商支付研发报酬，

但依据技术委托的产品只能由苏州博物馆进行销售。⑤公开文物信息。苏州博物馆秉承开放意识，向公众开放文物信息，因文物本身所涉及的知识产权已经进入公版领域，社会公众可以充分利用文物元素进行文创开发，推动江南文化的传播，通过文创产品开发多元性，达到吴文化输出、企业品牌升级、消费者文化素质提升的三方共赢目标。

苏州博物馆文创开发的制度支撑

苏州博物馆与某艺术品有限公司签订授权合同，全权委托该公司作为博物馆的代理方，负责苏州博物馆知识产权的全部对外授权许可及销售工作，该公司每年向博物馆缴纳授权金，余款部分作为利润分配。通过授权方式赋予某公司进行市场开发，既充分调动了市场竞争力，又能够规避博物馆的各种风险。同时，苏州博物馆设立文创部，专门负责对接某艺术品有限公司，对文创开发、销售和利润分配进行监督，同时对文创产品成果进行监督，防止对文物所承载的精神的破坏。

主要参考文献

一、中文文献

［1］阿诺德·P.卢特斯科.创意产业中的知识产权——数字时代的著作权和商标［M］.王娟,译.北京：人民邮电出版社,2009.

［2］阿维纳什·K.迪克西特.经济政策的制定：交易成本政治学的视角［M］.刘元春,译.北京：中国人民大学出版社,2004.

［3］保罗·萨缪尔森,威廉·诺德豪斯.萨缪尔森谈效率、公平与混合经济［M］.萧琛,译.北京：商务印书馆,2012.

［4］蔡小慎,刘存亮.公共资源交易领域利益冲突及防治［J］.学术界,2012（3）.

［5］陈静.我国博物馆商店联盟运营模式研究［D］.济南：山东大学,2014.

［6］陈立林.浅谈经济竞争中机会均等的公平竞争原则［J］.学理论,2011（3）.

［7］陈石.资源配置论［M］.北京：经济科学出版社,2006.

［8］陈艳艳.碳排放权初始分配的原则问题研究［D］.杭州：浙江农

林大学，2012.

[9]谌远知.文创产业中商品化权与知识产权研究[M].北京：经济科学出版社，2012.

[10]道格拉斯·诺斯.制度、制度变迁与经济绩效[M].杭行，译.上海：上海三联书店，1994.

[11]董雪梅.文化产业知识产权[M].福州：福建人民出版社，2012.

[12]杜帮云.分配正义论[M].北京：人民出版社，2013.

[13]范周.重构·颠覆：文化产业变革中的互联网精神[M].北京：知识产权出版社，2016.

[14]范周.文化产业论纲[M].北京：社会科学文献出版社，2016.

[15]方轻.从竞争规则角度解读公平竞争[J].厦门特区党校学报.2011（2）.

[16]弗里德里奇·哈耶克.哈耶克论文集[M].邓正来，译.北京：首都经济大学出版社，2001.

[17]高书生.让文化资源"活起来"[N].光明日报，2014-05-29（014）.

[18]顾江.文化产业经济学[M].南京：南京大学出版社，2007.

[19]国家文物局博物馆与社会文物司.新形势下博物馆工作实践与思考[M].北京：文物出版社，2010.

[20]郝婷.我国文化市场体系建设中制度设计的不足及原因探析[J].编辑之友，2015（3）.

[21]洪登永.国有企业的代理人激励机制与经营者补偿[J].当代经

济研究，2000（3）.

［22］侯珂.国家博物馆文物藏品数字影像版权初探［J］.中国国家博物馆馆刊，2012（5）.

［23］侯宇峰.基于文化产权交易所的我国文化资源配置效率优化研究［D］.北京：中国艺术研究院，2016.

［24］胡惠林.文化经济学（第2版）［M］.北京：清华大学出版社，2014.

［25］胡军.公共资源交易平台的公益属性定位［J］.建筑市场与招标投标，2015（6）.

［26］胡卫萍，刘靓夏，赵志刚.博物馆文化资源开发的产权确认与授权思考［J］.重庆大学学报（社会科学版），2017（4）.

［27］皇甫晓涛.版权经济论［M］.北京：科学出版社，2011.

［28］黄光男.博物馆企业［M］.北京：文化艺术出版社，2011.

［29］黄少安.产权经济学导论［M］.北京：经济科学出版社，2004.

［30］季燕霞.政府经济学［M］.北京：首都经贸大学出版社，2014.

［31］贾可卿.分配正义论纲［M］.北京：人民出版社，2010.

［32］贾旭东.文化发展的理论与政策——基于文化竞争的战略研究［M］.北京：社会科学文献出版社，2013.

［33］柯武钢，史漫飞.制度经济学：社会秩序与公共政策［M］.北京：商务印书馆，2000.

［34］李晨.博物馆对其藏品所拥有权利的性质、内容与限制［J］.中国博物馆，2012（1）.

［35］李乘.博物馆艺术授权策略研究——以台北"故宫博物院"为例

[D].北京：中央美术学院，2014.

[36] 李道今.打碎文化市场准入的玻璃门[J].投资北京，2015（2）.

[37] 李萌.符合中国国情的代理人激励方案研究[D].天津：天津财经学院，2004.

[38] 李永明，兰田.古代壁画数字化版权问题初探[J].浙江大学学报（人文社会科学版），2010（11）.

[39] 理查德·E.凯夫斯.创意产业经济学：艺术的商业之道[M].孙绯，等译.北京：新华出版社，2004.

[40] 理查德·波斯纳.法律理论的前沿[M].武欣，凌斌，译.北京：中国政法大学出版社，2003.

[41] 林仲如.博物馆典藏品与知识产权——以（台北）历史博物馆文创产品研究为例[J].美术观察，2016（9）.

[42] 苗亚男.博物馆数字藏品版权问题研究[D].杭州：浙江大学，2016.

[43] 彭海斌.公平竞争制度选择[M].北京：商务印书馆，2006.

[44] 祁述裕.放宽文化市场准入，扩大文化市场开放[J].东岳论丛，2018（1）.

[45] 祁述裕.文化建设专题研究集[M].北京：清华大学出版社，2016.

[46] 祁述裕，赵一萌，杨传张.文化文物单位发掘文化资源，开发文化创意产品的理念和思路[J].浙江工业大学学报（社会科学版），2016(6).

[47] 斯韦托扎尔·平乔维奇.产权经济学：一种关于比较体制的理论[M].蒋琳奇，译.北京：经济科学出版社，1999.

［48］宋存洋.博物馆价值最大化的实现路径研究［D］.北京：中国社会科学院，2012.

［49］宋晓丹，温尚杰.排污权交易初始分配中的权利配置与救济［J］.中国环境管理干部学院学报，2010（8）.

［50］宋亚辉.新生权利的经济解释与法律配置［J］.现代法学，2017（1）.

［51］孙友祥，戴茂堂.论西方正义思想的内在张力［J］.伦理学研究，2009（7）.

［52］田艳.传统文化产权制度研究［M］.北京：中央民族大学出版社，2011.

［53］王宏钧.中国博物馆学基础（修订本）［M］.上海：上海古籍出版社，2001.

［54］王玲.我国博物馆法人治理结构探析［J］.管理观察，2017（1）.

［55］王秀伟.文化创意产业视域下的博物馆文化授权研究［D］.北京：中国科学技术大学，2016.

［56］王铮.论罗尔斯的程序正义［D］.长春：吉林大学，2014.

［57］魏鹏举.中国文化产业投融资体系研究［M］.昆明：云南人民出版社，2014.

［58］魏晓阳.日本书化法治［M］.北京：社会科学文献出版社，2016.

［59］吴昊亮.博物馆知识产权法律问题探析［J］.法律与科技，2014（12）.

［60］吴敬琏.论作为资源配置方式的计划与市场［J］.中国社会科学，1991（6）.

261

[61] 吴玲, 刘志国. 产权配置过程中的公平与效率——来自科斯定理缺陷的启示 [J]. 中国社会科学院研究生院学报, 2005 (3).

[62] 项梦婧. 交易费用理论在文化建设中的应用——基于文化资源优化配置视角 [J]. 浙江学刊, 2016 (1).

[63] 姚洋. 制度与效率——与诺斯对话 [M]. 成都: 四川人民出版社, 2002.

[64] 阴鑫. 中国博物馆文化创意产品开发研究——以北京故宫博物院为例 [D]. 开封: 河南大学, 2016.

[65] 游琴. 罗默机会平等思想的理论演绎 [J]. 经济与社会发展, 2015 (1).

[66] 约翰·C.伯格斯特罗姆, 阿兰·兰多尔. 资源经济学——自然资源与环境政策的经济分析 (第三版) [M]. 谢关平, 朱方明, 译. 北京: 中国人民大学出版社, 2015.

[67] 约翰·罗尔斯. 正义论 [M]. 何怀宏, 等译. 北京: 中国社会科学出版社, 2009.

[68] 约翰·洛克. 政府论 (下) [M]. 叶启芳, 瞿菊农, 译. 北京: 商务印书馆, 1964.

[69] 张琴. 计划与市场: 两种资源配置方式比较 [J]. 安庆师院社会科学学报, 1995 (4).

[70] 张尧. 基于博物馆资源的文化创意产品开发设计研究 [D]. 苏州: 苏州大学, 2015.

[71] 张友安. 土地发展权的配置与流转研究 [D]. 武汉: 华中科技大学, 2006.

[72]章磊.中国国有博物馆的效率、体制与市场关系研究[D].北京:北京化工大学,2005.

[73]赵书波.基于互联网的艺术品交易问题研究[M].北京:知识产权出版社,2016.

[74]郑成思.知识产权论(第三版)[M].北京:法律出版社,2005.

[75]周密,刘霞辉.不同市场条件下资源配置方式的演进研究——兼论供给侧改革中供给侧应该如何变[J].政治经济学评论,2018(5).

[76]朱玲.我国碳排放权初始分配公平问题研究[D].杭州:浙江农林大学,2015.

[77]朱巧玲.产权制度变迁的多层次分析[M].北京:人民出版社,2007.

[78]朱谢群.知识产权的法理基础[J].知识产权,2004(9).

二、英文文献

[1] BARZEL Y. Economic Analysis of Property Rights [M]. New York: Cambridge University Press, 1989.

[2] BILTON C. Management and Creativity: from Creative Industries to Creative Management [M]. Oxford: Wiley-Blackwell, 2007.

[3] COASE R H. the Firm, the Market, and the Law [M]. Chicago: The University of Chicago, 1988.

[4] COASE R H. The Problem of Social Cost [J]. Law Econ, 1967 (10).

[5] DEMSETZ H. The Exchange and Enforcement of Property Rights [J].

Journal of Law and Economics, 1964 (7): 11-26.

[6] GREENWALD B. Externalities in Economies with Imperfect Information and Incomplete Markets [J]. Quarterly Journal of Economics, 1986, 101 (2): 229-264.

[7] KOLTER N, KOLTE P. Can Museum be All Things to All People? Mission, Goals, and Maketing's Role [J]. Museum Management and Curatorship, 2000, 18 (3).

[8] ROMER P. Increasing Returns and Long-run Growth [J]. The Journal of Political Economy, 1986 (94).

[9] STEPHEN A. The Contemporary Museum and leisure: recreation as a museum function [J]. Museum Management and Curatorship, 2001, 18 (3).

[10] STIGLITZ E, etc. The Economic Role of the State [M]. Oxford: Basil Blackwell, 1989.

[11] VARIAN H. A Solution to the Problem of Externalities When Agents Are Well-informed [J]. American Economic Review, 1994, 84 (5): 1278-1293.

[12] VICKREY W. Counterspeculation, Auctions and Competitive sealed Tenders [J]. Journal of Finance, 1961, 16 (1): 8-37.

[13] WILLIAMSON O. The Economic Institutions of Capitalism [M]. New York: Free Press, 1985.

[14] WILLIAMSON O. The Politics and Economics of Redistribution and Efficiency [M]. Oxford: Oxford University Press, 1996.

后记

　　此书算是我学术生涯的第一本练习之作。五年前，国家出台了《关于推动文化文物单位文化创意产品开发的若干意见》，给因博士毕业论文选题一筹莫展的我提供了选题的灵感。博物馆有大量珍贵的文化资源，文化创意产品的开发是这些资源得到有效利用的方式，但如何利用这些资源，是一个值得思考的问题。博物馆必然是文创开发的主体吗？还有没有其他更优化的文创开发路径？从资源配置的角度对博物馆馆藏资源的初始产权进行界定，是不是可以大大提高馆藏文物资源的利用效率？"如果你能把这些问题研究明白了，对于中国文博事业而言，你将做成一件功德无量的事。"我的博士生导师贾旭东教授的这番话，成为激励我走上文创授权研究的起点和动力。

　　我的研究与博物馆文创开发的实践同相伴而生、同步前行。五年来，博物馆文创在国家政策的支持下一路绿灯，呈现出一幅波澜壮阔、绚烂多彩的锦绣画卷，亮点频现，故宫口红、秘色饼干引领国潮风成为时尚主流，《我在故宫修文物》《国家宝藏》让考古、文物修复等冷门专业成为年轻人报考的热点，传统文化凭借着时尚年轻的文化底蕴、独特的中国韵味

成为中国文化的顶峰潮流,各行各业都开始认真思考如何将文化元素融入自己的产品中,提升产品的文化品位。五千年中华文化,从未像今天一样处处散发出迷人的芬芳。

作为学术工作者,本人无意为轰轰烈烈的文创实践锦上添花,而是像欣赏珍贵文物一样,与博物馆文创保持一定的距离感,从时代旁观者的角度去客观、理性地思考相关问题。我曾在夏日炎炎的午后到故宫博物院那一排融古典与时尚气质于一体的文创商店寻找灵感,在江南少见的鹅毛大雪中到上海博物馆访谈文创开发经验,也曾在厦门文博会上与国家博物馆文创开发的小姑娘聊一只手提电脑包的设计及其背后的故事,在湖南博物馆与周刚志教授就湖南文创开发的相关法律问题进行研讨,亦曾带领学生在开封博物馆开辟第二课堂,与工作人员共同探讨博物馆文创开发新路径,还曾参与线上线下多场学术研讨会,就研究课题与国内外学者交流沟通……种种情景如过眼云烟,历历在目,构成了我过去几年的生活主线。

写作的过程是欢乐与眼泪并存的,但总体回想起来,痛苦的回忆占据多数。思路打不开时的那种困顿和迷茫,感觉自己犹如一头困兽,被困在茫茫天地间;一次次的观点不被主流学界认可,一次次的投稿石沉大海,一次次课题申报以失败告终,让我一度怀疑自己的研究是否有价值,要不要再坚持走下去。好在身边有一群支持我的长辈、朋友和家人,让我没有中途放弃,坚持走了下来。感谢我的博导贾旭东老师悉心的指导,即使在博士毕业后,仍在学术上给了我源源不断的动力和灵感,一次次把我从研究歧途中拉回主线。感谢中国传媒大学范周院长,以强大的气场、无条件的信任为我注入学术研究的"迷之自信"。感谢郑州大学汪振军教授,以孜孜不倦的学术热情和对晚辈的无私帮助为我指点太多迷津。感谢一路走

后记

来的博士同学、朋友、同事和家人，你们的爱和支持是我前行的永恒动力。

书稿最初是以博士论文形式呈现的，毕业后不断修正，其间随着文创实践的开展，论文的观点也在不断变化，其间内容在细节上可能有些矛盾，但好在核心观点和基本逻辑是连贯呈现的。在问题中反思问题，在变化中确认相对的不变。在变幻莫测的事实面前，现成的看法和预设都会失效，价值需要重新判定，精神需要重新抖擞，那些困扰、挫败过我们的难题变得不再那么绝望无解。深感学术首先是一种勇气，不一定要遵守那么多惯例，不一定要听所谓主流的意见，想做的事不一定做不成，同行的人不一定会掉队。这个世界还存在这么一种可能，问题可以一点一点辨析清楚，工作可以一点一点循序完成，狭窄的自我可以一点一点舒展开来，在看似封闭的世界结构中，真正的改变就这样发生。这是一个最坏的时代，也是一个最好的时代，我很荣幸，能参与其中。

宋朝丽谨记

2021 年 2 月 10 日